Quick Guide

Reihe herausgegeben von
Springer Fachmedien Wiesbaden,
Wiesbaden, Deutschland

Quick Guides liefern schnell erschließbares, kompaktes und umsetzungsorientiertes Wissen. Leser erhalten mit den Quick Guides verlässliche Fachinformationen, um mitreden, fundiert entscheiden und direkt handeln zu können.

Helga Strauß

Quick Guide: Mehr Ertrag für Ihr Autohaus

Zahlen – Teams – Lösungen

Helga Strauß
Unternehmensberatung
Stockerau, Österreich

ISSN 2662-9240   ISSN 2662-9259   (electronic)
Quick Guide
ISBN 978-3-658-49888-7   ISBN 978-3-658-49889-4   (eBook)
https://doi.org/10.1007/978-3-658-49889-4

Die Deutsche Nationalbibliothek verzeichnet diese Publikation in der DeutschenNationalbibliografie;
detaillierte bibliografische Daten sind im Internet über https://portal.dnb.de abrufbar.

Planung/Lektorat: Irene Buttkus
Springer Gabler ist ein Imprint der eingetragenen Gesellschaft Springer Fachmedien Wiesbaden GmbH
und ist ein Teil von Springer Nature.
Die Anschrift der Gesellschaft ist: Abraham-Lincoln-Str. 46, 65189 Wiesbaden, Germany

Wenn Sie dieses Produkt entsorgen, geben Sie das Papier bitte zum Recycling.

Vorwort

Ein Autohaus führen macht Spaß. – Ein *ertragreiches* Autohaus führen macht noch mehr Spaß!

Sie führen ein Autohaus und sind allgemein mit den Erträgen im Autohaus zufrieden. Trotzdem sehen Sie im Unternehmen noch Potenzial für Verbesserungen, wie z. B.: Die Kunden könnten noch zufriedener sein. Die Zusammenarbeit der Teams könnte noch klarer sein. Die Herstellervorgaben könnten noch zuverlässiger erfüllt werden. Die *Erträge* könnten noch *höher* sein.

Möchten Sie das volle Potenzial ausschöpfen, dann braucht es Veränderung. Denn nur eine veränderte Herangehensweise zeitigt auch ein anderes Ergebnis. Die Veränderung beginnt bei der Geschäftsführung.

Das Buch liefert Ihnen neue Lösungsvorschläge für *mehr Ertrag* im Autohaus. Jetzt haben Sie die Zahlen vielleicht im „Gespür". Ein positives Jahresergebnis gibt Ihnen damit recht. Gleichzeitig wissen Sie, dass Sie mit dem Autohaus mehr Ertrag erwirtschaften könnten. Zur Ertragssteigerung brauchen Sie *Zahlen*. Zahlen aus Ihrem Unternehmen. Zahlen aus der Technik, Personalverrechnung, Buchhaltung, dem Verkauf etc. *Die Zahlen sind eine messbare Einheit für eine bewusste Betriebsführung.* Die Geschäftsführung braucht für die Ertragssteigerung Sicherheit im Umgang mit Unternehmenszahlen.

Dieses Buch unterstützt beim bewussten Zugang zum Thema Erträge steigern im Autohaus. Die Beispiele aus der Praxis zeigen schwierige Themen im Autohaus auf. Die menschlich psychologischen Verhaltensweisen erklären Ihnen, was Sie und das Team hemmt oder motiviert. Im konkreten Zahlenbild erfahren Sie, wo Sie die notwendigen Zahlen aus dem Unternehmen generieren. Die Anleitungen lassen Sie aktiv an der Veränderung arbeiten. Im lösungsorientierten Input lernen Sie, was Sie selbst für ein noch erfolgreicheres Autohaus tun und/oder wie Sie sich Unterstützung von außen holen können.

Die Anleitungen unter dem Motto „Ich will was tun" sind Vorlagen, mit deren Bearbeitung Sie Schritt für Schritt das Ziel „Mehr Ertrag für mein Autohaus" erreichen.

Ich wünsche Ihnen die Kraft, Veränderungen Ihrer Arbeitsweise und in Ihrem Team durchzuführen. Ich wünsche Ihnen den Entwicklungswillen, den die Ertragssteigerung braucht. Ich wünsche Ihnen, mit neu gewonnenen Lösungsansätzen ins Tun zu kommen. Ich wünsche Ihnen den Mut, sich auch einmal Unterstützung von außen zu erlauben.

Mit diesem Buch begeben Sie sich auf eine Reise in Ihr Autohaus. Viel Spaß und gewinnbringende Erkenntnisse für noch mehr betrieblichen Erfolg!

Helga Strauß

Zur Ertragssteigerung beitragen

Anfangs sei gesagt:

Jedes Autohaus hat das Potenzial, die Erträge zu steigern.

Die Ertragssteigerung beginnt mit dem Commitment der Geschäftsführung, etwas für *mehr Ertrag* im Autohaus zu tun – entweder selbst einen Beitrag für mehr Ertrag zu leisten oder die Aufgabe zu delegieren.

Weisen Bilanzen einen Jahresgewinn aus, ist der Wunsch nach höherem Ertrag vielleicht gar nicht so groß. Das ist schade, denn Effizienz, klare Prozesse und ein motiviertes Team sichern höhere Erträge. Höhere Erträge drücken sich auch auf dem Bankkonto in Form von Geld aus, und das kann für gewünschte Investitionen reizvoll sein.

Haben UnternehmerInnen oder Geschäftsführungen sich noch nicht vertiefend mit Zahlen und Zielen im Unternehmen beschäftigt, ist die Ertragssteigerung mit diesem Buch nur dann erfolgreich, wenn die Geschäftsführung ehrlich mit sich selbst ist. Ist sie bereit, sich mit Zahlen und Prozessen zu beschäftigen? Die Ertragssteigerung ist immer möglich. Sie stellt anfangs trotzdem einen Zusatzaufwand dar. Gleich vorweg: Dieser Aufwand lohnt sich!

Für die Veränderung braucht es die Kraft, neue Wege zu gehen, und Leistungen von außen. Die Kraft, neue Wege zu gehen, leisten alle Führungskräfte und Mitarbeitenden im Autohaus. Je mehr Anleitungen von „Ich will was tun" aus dem Buch sorgfältig erledigt werden, umso weniger Leistungen von außen braucht es.

Commitment

Ich bin bereit, für die Steigerung der Erträge neue Wege zu gehen.

Ich setze die Anleitungen „Ich will was tun" aus dem Buch um.

Ort
Datum   Unterschrift: Geschäftsführung, UnternehmerIn

Inhaltsverzeichnis

1

Geschäftsführung und Ertragssteigerung

Was Sie aus diesem Kapitel mitnehmen:

- Als Geschäftsführung wird Ihnen bewusst, dass die Nachhaltigkeit der Ertragssteigerung nur mithilfe der Zahlenbeobachtung möglich ist.
- Sie beschäftigen sich mit Zahlen aus dem Unternehmen als Basis für mehr Ertrag im Autohaus und lernen die Grundlagen für das „Lesen" von Saldenlisten kennen.
- Sie sammeln alle Unternehmenszahlen des Autohauses, um damit die Entscheidung für notwendige Bereiche der Ertragssteigerung konkret zu machen.
- Sie entwickeln Ziele für Ihr Autohaus und arbeiten an Lösungen für die Zielerreichung „Mehr Ertrag". Sie geben klare Zielvorgaben und stellen damit eine bewusste Ertragssteigerung sicher.
- Sie bauen eine klare Struktur des Autohauses auf und erstellen ein Organigramm, in dem alle Funktionen der Mitarbeitenden transparent und sichtbar werden.
- Sie erhalten neuen Input für den wertschätzenden, kommunikativen und klaren Umgang mit den Führungskräften und dem Team im Autohaus.

© Der/die Autor(en), exklusiv lizenziert an Springer Fachmedien Wiesbaden GmbH, ein Teil von Springer Nature 2026
H. Strauß, *Quick Guide: Mehr Ertrag für Ihr Autohaus*, Quick Guide,
https://doi.org/10.1007/978-3-658-49889-4_1

Mit dem Wunsch nach mehr Ertrag gibt die Geschäftsführung den Start-schuss. Ob dann auch tatsächlich etwas passiert, liegt an der Ge-schäftsführung.

Denn *mehr Ertrag* heißt *Veränderung*.

Nur mit veränderten Herangehensweisen ist ein anderes Ergebnis mög-lich. Damit nachhaltig Ziele erreicht werden braucht es die Geschäftsfüh-rung. Für die Zielerreichung *mehr Ertrag im Autohaus braucht es den bewussten Umgang mit den Zahlen des Unternehmens.*

Ich will was tun

Unter dem Motto „Ich will was tun" stellt Ihnen dieses Kapitel sieben An-leitungen zur Verfügung, die Ihnen als Geschäftsleitung helfen, die Ertrags-steigerung in Ihrem Autohaus nachhaltig zu implementieren:

- Mit der Bearbeitung der Anleitungen 1 (Abschn. 1.1.1) und 2 (Abschn. 1.2.1) entwickeln Sie das Bewusstsein für die Zahlen im Autohaus und Zielvorgaben.
- Mit der Bearbeitung der Anleitungen 3 (Abschn. 1.3.1 und 4 (Abschn. 1.3.3.1) stellen Sie die Struktur im Autohaus dar.
- Mit der Bearbeitung der Anleitung 5 (Abschn. 1.3.7.1) machen Sie für sich die Zahlen transparent und haben eine Entscheidungshilfe für den Anfang zur Ertragssteigerung.
- Mit der Bearbeitung der Anleitung 6 (Abschn. 1.3.8.1) entstehen für Sie Strategien zur Vorgehensweise Ertragssteigerung.
- Mit der Bearbeitung der Anleitung 7 (Abschn. 1.3.9.1) stellen Sie die Nachhaltigkeit der Ertragssteigerung sicher.

1.1 Zahlen aus dem Unternehmen – Saldenliste

In der Praxis hängt es vom Typ der Geschäftsführung ab, ob er sich mit Zahlen beschäftigt oder nicht. Die Geschäftsführung kennt zumindest das Betriebsergebnis der Bilanz. Daraus ergeben sich für das Unterneh-men entweder ein Gewinn oder ein Verlust. Arbeiten Geschäftsführungen bisher noch nicht mit Zahlen, kann es sehr ungewohnt sein, damit anzufangen. Zahlen zeigen objektiv die Sachlage – und diese kann überraschen. Das Betriebsergebnis kann ein Gewinn oder Verlust sein. Allgemein ist ein positives Betriebsergebnis für Geschäftsführungen wenig Motivation, etwas zu ändern. Da braucht es Geschäftsführungen, die Potenzial für Ertragssteigerung sehen und dieses heben wollen. Geschäftsführungen, die noch besser werden wollen, haben den Willen zur Veränderung. Ein negatives Betriebsergebnis stellt für die Geschäftsführung eine sehr schwierige Situation dar. Die Geschäftsführung ist gestresst. In dieser emotionalen Phase kann es sein, dass die Geschäftsführung selbst keine Lösungen findet. Da hilft es, sich Unterstützung von außen zu erlauben. Unternehmensberatung für mehr Ertrag im Autohaus hilft schnell und effizient.

Die Persönlichkeit von Geschäftsführungen ist so individuell, wie es Menschen nun einmal sind. Hier folgt eine Auswahl verschiedener Geschäftsführungstypen. Zumeist werden Geschäftsführungen eine Mischung aus den drei vorgeschlagenen Typen darstellen. Mit Ehrlichkeit zu sich selbst können Sie an dieser Stelle vielleicht eigene Handlungsweisen auch an sich selbst erkennen.

Drei Typen von Geschäftsführung in Bezug auf Zahlen:

- Die Geschäftsführung, die bei der Erwähnung von Zahlen den Kopf in den Sand steckt
- Die Geschäftsführung, die überempfindlich auf die Veränderung der Zahlen reagiert
- Die Geschäftsführung, die sehr nüchtern mit Zahlen umgeht

Die Geschäftsführung, die bei der Erwähnung von Zahlen den Kopf in den Stand steckt

Geschäftsführungen, die den Kopf in den Sand stecken, beschäftigen sich ungern mit Zahlen. Zahlen zeigen sachlich Handlungsbedarf und Menschen mit dieser Haltung finden für Probleme schwer Lösungen. Aus diesem Grund schaut diese Art der Geschäftsführung Missständen im Unternehmen lange zu – nach dem Motto „Was ich nicht sehe, gibt es nicht." Dieses Verhalten kostet Geld. Missstände im Unternehmen bedeuten, dass die Zahlen sinken. Sinkende Zahlen verhindern das Erreichen des Unternehmensziels.

Für das Team sind Geschäftsführungen, die keine Lösungen finden, frustrierend. Die Führungskräfte und Mitarbeitenden sehen es als Aufgabe der Geschäftsführung, Missstände im Unternehmen zu sehen und zu lösen. Anfänglich tragen Mitarbeitende noch die Probleme an die Geschäftsführung heran, geben allerdings auf, wenn keine Lösung von Seiten der Geschäftsführung erfolgt. Das heißt, die Geschäftsführung hat das Lernfeld *Steigerung der Lösungskompetenz*.

Die Geschäftsführung die überempfindlich auf die Veränderung der Zahlen reagiert

Geschäftsführungen, die überempfindlich auf die Veränderung der Zahlen reagieren, schlagen bei einer kleinen Verschlechterung der Zahlen bereits *Alarm*. Sie beschäftigen sich zu viel mit Zahlen und sind rasch verunsichert. Aus diesem Grund setzen sie sehr rasch irrationale Maßnahmen an – nach dem Motto „Hauptsache, ich tue etwas". Dieses Verhalten kann auch teuer werden. Es werden dann vielleicht zusätzlich Mitarbeitende eingestellt, die gar nicht gebraucht werden. Das steigert die Ausgaben. Steigende Ausgaben verhindern das Erreichen des Unternehmensziels.

Für das Team sind verunsicherte Geschäftsführungen irritierend. Die Führungskräfte und Mitarbeitenden sehen es als Aufgabe der Geschäftsführung, durch ihre Entscheidungen für den Fortbestand und Sicherheit des Unternehmens zu sorgen. Anfänglich sagen Mitarbeitende vielleicht noch, dass dieser zusätzliche Mitarbeitende nicht notwendig ist. Gleichzeitig hören sie auf, Einwände zu äußern, wenn sie nicht gehört werden. Daraus ergeben sich für die Geschäftsführung die Lernfelder *Zuhören* und *Sicherheit in der Entscheidungsfindung*.

Die Geschäftsführung, die sehr nüchtern mit Zahlen umgeht

Geschäftsführungen, die sehr nüchtern mit Zahlen umgehen, verstehen oft nicht, warum die Zahlen nicht erreicht werden. Sie fühlen sich in der Zahlenwelt sicher. Liegt der Grund, weshalb die Zahlen nicht so sind, wie sie sein sollten, in der Zusammenarbeit des Teams, dann ist eine nüchterne Geschäftsführung verständnislos – nach dem Motto „Was regen sich die schon wieder auf." Gibt es im Team Probleme und die Geschäftsführung tut nichts für deren Klärung, könnte es zur Demotivation des Teams oder sogar zu Kündigungen von Mitarbeitenden kommen. Ein demotiviertes Team senkt die Chance zur Erreichbarkeit der Ziele und Verlust von Mitarbeitenden bedeutet, dass die Zahlen sinken. Sinkende Zahlen verhindern das Erreichen des Unternehmensziels.

Nüchterne Geschäftsführungen, die bei Disharmonie im Team hilflos sind, sind für Mitarbeitende keine Unterstützung. Die Führungskräfte und Mitarbeitenden sehen es als Aufgabe der Geschäftsführung, Probleme im Team zu sehen und zu lösen. Anfänglich tragen Mitarbeitende noch die Probleme an die Geschäftsführung heran, geben allerdings auf, wenn keine Lösung von Seiten der Geschäftsführung erfolgt. Das heißt, die Geschäftsführung hat das Lernfeld, *ein Team zu bilden.*

Die Geschäftsführung erkennt, dass sie nicht nur auf der Zahlenebene arbeiten kann. Sie kann sich auch als Führung entwickeln. Der Zusammenhang von Zahlen, Team und Zielen ist groß. Gibt die Geschäftsführung ein Ziel vor, dann braucht es ein motiviertes und kompetentes Team für die Zielerreichung.

Für mehr Ertrag braucht die Geschäftsführung die nachfolgend genannten Zahlen aus dem Unternehmen. Sie sind der Gradmesser, ob und wo Veränderungen im Unternehmen notwendig sind. Die Zahlen selbst erhält die Geschäftsführung aus den unterschiedlichen Abteilungen. Die Saldenliste setzt sich zusammen aus Unternehmenszahlen aus

- der Technik
- dem Kundendienst
- der Garantieabteilung
- der Personalverrechnung
- dem Ersatzteillager
- der Buchhaltung
- dem Fahrzeughandel und
- die Zahlen aus der Kundenzufriedenheitsabfrage

Schnellkurs: Verständnis der Saldenliste und Bedeutung der Konten und Zahlen

In diesem Abschnitt gehen wir auf das Verständnis der Saldenliste und die Bedeutung der Konten und Zahlen ein. Die weiteren Unternehmenszahlen werden in den Folgekapiteln genauer behandelt.

Für die Ertragssteigerung im Autohaus braucht es Vorarbeit. Eine der Vorarbeiten ist die Erkenntnis, dass die Geschäftsführung eine Saldenliste „lesen" können muss. (Geschäftsführungen, die das bereits aktiv machen, können diesen Abschnitt überspringen.) Geschäftsführungen, die noch nicht mit Saldenlisten gearbeitet haben, bekommen hier einen einfachen Schnellkursus.

Der Schnellkursus Saldenliste startet hier: Die Saldenliste erhalten Sie aus der Buchhaltung. Die Saldenliste ist unerlässlich für die Zielsetzung. Die Saldenliste ist wichtig für die Beobachtung, ob das Ziel erreicht wird.

Es kann sein, dass Sie als Geschäftsführung die Saldenliste nur bei der jährlichen Bilanzbesprechung sehen. Während des Jahres beschäftigen Sie sich nicht mit der Saldenliste. Hier wird Ihnen ans Herz gelegt, sich regelmäßig mit der Saldenliste auseinanderzusetzen. Es ist wichtig, die Saldenliste „lesen" zu können. In Tab. 1.1 ist eine einfache Saldenliste zu sehen.

In Spalte 1 (Tab. 1.1) sehen Sie, dass die Saldenliste in 9 Kontenklassen eingeteilt ist. Die wichtigsten Kontenklassen für die Ertragssteigerung sind die Kontenklassen 4–7.

In der Spalte 2 (Tab. 1.1) ist eingetragen, welche Erträge und Aufwände in den einzelnen Kontenklassen enthalten (verbucht) sind. In den Kontenklassen 4 sind es die Erträge aus den Arbeitszeiten Werkstatt, Erträge aus dem Ersatzteilhandel sowie Erträge aus dem Fahrzeughandel. In der Kontenklasse 5 werden alle Einkäufe verbucht. In der Kontenklasse 6 alle Aufwände für Personal und in der Kontenklasse 7 alle anderen Aufwände.

Die Spalte 3 in Tab. 1.1 weist die Summen des laufenden Jahres aus.

Die Spalte 4 in Tab. 1.1 zeigt die Summen des Vorjahres und damit werden Vergleiche angestellt.

Tab. 1.1 Einfache Saldenliste

Spalte 1	Spalte 2	Spalte 3	Spalte 4
Kontoklasse	*Was ist darin enthalten?*	*Summen Laufendes Jahr*	*Summen Vorjahr*
Kontoklasse 1			
Kontoklasse 2			
Kontoklasse 3			
Kontoklasse 4	Erträge aus Arbeitszeiten Werkstatt Erträge aus ET-Handel Erträge aus Fahrzeughandel		
Kontoklasse 5	Einkauf von Ersatzteilen Einkauf von Fahrzeugen		
Kontoklasse 6	Aufwand für Personal		
Kontoklasse 7	Alle anderen Aufwände		
Kontoklasse 8			
Kontoklasse 9			

1.1.1 Anleitung 1 – Ich will was tun – Saldenliste

So können Sie bei der Saldenliste Ihres Autohauses vorgehen:

1. Lassen Sie sich von der Buchhaltung eine aktuelle Saldenliste ausdrucken. Wichtig: Fragen Sie die Buchhaltung, ob sie auf dem letzten Stand ist, d. h., ob alle Belege, Aufwände, Erträge, Einkäufe sowie Lohnabrechnungen verbucht sind. Damit erhalten Sie aktuelle Zahlen.
2. Schauen Sie sich die Saldenliste an und machen sich mit den Kontenklassen vertraut. Beschränken Sie sich fürs Erste auf die Konten der Kontenklasse 4–7.
3. Kontrollieren Sie die Vergleichssummen vom laufenden Jahr und dem Vorjahr. Wenn es große Unterschiede gibt, lassen Sie sich diese von der Buchhaltung erklären.
4. Sind die Erklärungen schlüssig und für Sie verständlich, dann arbeiten Sie mit dieser Saldenliste.
5. Sind die Zahlen unschlüssig, empfiehlt es sich, einen Unternehmensberater zu Rate zu ziehen. Die Zusammenhänge in der Saldenliste zu erkennen, ist eine Profession. Da braucht es Übung und Erfahrung. Es zahlt sich aus, dafür Unterstützung von außen zu holen. Dadurch

können offene Fragen beantwortet werden. Beispielsweise kann es sein, dass die Personalkosten überproportional zu den Erträgen gestiegen sind. Mit der Besprechung der Saldenliste mit einer kompetenten Person ist sichergestellt, dass die Ertragslage überprüft ist.

> Überfordern Sie sich nicht mit der Saldenliste. Es reicht, wenn Sie sich anfänglich „nur" mit diesem Schnellkurs begnügen. Es zeigt, dass Sie bereit sind, etwas anders zu machen.

1.2   Geschäftsführung und Zielvorgaben

Es kann sein, dass die Geschäftsführung den Geschäftsgang im Gefühl hat. Ist im Unternehmen viel los und alle Mitarbeitenden rennen für die Kunden, dann passt es. Einmal im Jahr bei der Bilanzbesprechung kommt ein Gewinn heraus. Das passt auch. Damit kann die Geschäftsführung zufrieden sein und so hat es schon immer funktioniert.

Diese Vorgehensweise ist in sich schnell verändernden Zeiten unsicher. Denn wird ein erhöhter Personalaufwand zu spät erkannt, vermindert das den Gewinn. Das Unternehmen wird nicht bewusst geführt. Aus diesem Grund ist es wichtig, mit Zielvorgaben zu arbeiten und diese zu beobachten.

Die Geschäftsführung hat in Bezug auf *mehr Ertrag im Autohaus* die Aufgabe, ein Unternehmensziel vorzugeben.

Zahlenmäßige Unternehmensziele im Autohaus klingen nach trockener Materie. Gleichzeitig drückt sich Ertragssteigerung in Geld auf dem Bankkonto aus. Das macht ein Unternehmensziel doch spannend. Denn Geschäftsführungen lässt es ruhig schlafen, wenn für die Gehälter und notwendige Investitionen das erforderliche Geld vorhanden ist.

Bei der Vorgabe von Unternehmenszielen soll die Erreichung des Ziels realistisch sein. Hat die Geschäftsführung noch nie mit einem *zahlenmäßigen* Unternehmensziel gearbeitet, dann gibt es folgende einfache Möglichkeit, ein Unternehmensziel festzulegen:

1.2.1 Anleitung 2 – Ich will was tun – Zielvorgabe

Das Unternehmensziel kann lauten: Ich möchte die Erträge aus Arbeitsleistung Werkstatt steigern.

Im Vorjahr wurde ein Gewinn erzielt. Mit den Zahlen dieser Saldenliste aus der Bilanz arbeiten Sie. Nehmen Sie bitte Ihre Saldenliste zur Hand. Markieren Sie in der Kontenklasse 4 das Konto „Erträge aus Arbeitsleistung Werkstätte" und den Betrag (siehe Tab. 1.2).

Am Konto „Erträge aus Arbeitsleistung Werkstatt" stehen die Summe der Erträge der verrechneten Arbeitsstunden der Technik. Die eingetragenen Werte in Tab. 1.2 sind Beispiele und dienen als Vorlage. Dabei wurde der Betrag aus Spalte 3 um die %-Erhöhung des Stundensatzes für das neue Jahr vermehrt. Von dieser Summe ausgehend kann das Ziel zum Beispiel um 4 % gesteigert werden.

Sie können die Zielvorgabe mit Ihren eigenen Zahlen in die Spalte 3–5 eintragen.

Geschäftsführungen, die ein zahlenmäßiges Unternehmensziel vorgeben, führen das Unternehmen bewusst. Sie erleben Freude an der Erreichung eines Zieles, entwickeln Strategien für die Ertragssteigerung, geben Mitarbeitenden Anerkennung für ihr Engagement und bekommen Sicherheit im Unternehmertum.

1.3 Geschäftsführung und Vorarbeiten für die Zielerreichung

Vielleicht hat die Geschäftsführung schwierige Themen in der Führung des Autohauses, aber sie weiß nicht, wie sie diese lösen soll. In diesem Kapitel folgen Anleitungen für notwendige Vorarbeiten, um Lösungen umzusetzen, wenn der Wunsch nach Mehr Ertrag ist.

Tab. 1.2 Zielvorgabe „Arbeitsleistung Werkstatt steigern"

Spalte 1	Spalte 2	Spalte 3	Spalte 4	Spalte 5
Saldenliste	*Vorjahr* *Bilanz mit Gewinn*	*Summe* *Bilanzjahr*	*Stundensatz-* *Erhöhung 3 %*	*Ziel: Steigerung* *4 %*
Kontokl. 1				
Kontokl. 2				
Kontokl. 3				
Kontokl. 4	Erträge aus Arbeitsleistung Werkstatt	450.000	463.500	482.040
	Erträge aus Arbeitsleistung Werkstatt aus Ihrer Saldenliste			
Hier können Sie die Zahlen Ihrer Bilanz eintragen.				
Kontokl. 5				
Kontokl. 6				
Kontokl. 7				
Kontokl. 8				
Kontokl. 9				

Folgende Fragen stellt sich die Geschäftsführung bei der Lösung zu „Erträge steigern":

* Was kann ich für mehr Ertrag tun?
  - …
  - …
  - …
* Was hemmt mich, etwas für mehr Ertrag zu tun?
  - …
  - …
  - …

Was hemmt die Geschäftsführung, etwas für die Ertragssteigerung zu tun? Folgende Gedanken könnte die Geschäftsführung haben:

* Ich habe mich mit dem Thema mehr Ertrag noch gar nicht bewusst beschäftigt.
* Ich habe keine Zeit.
* Ich habe ein schlechtes Gewissen, weil die Zahlen schlecht sind.
* Ich will nicht, denn dann sehe ich, wo ich etwas falsch mache.
* Ich habe keine Ahnung, wie ich die Probleme lösen soll.

Solche Hemmnisse dürfen Geschäftsführungen haben. Sie sind auch Menschen mit allen Stärken und Schwächen. Allerdings gibt eine Geschäftsführung ihre Schwächen nicht gerne zu. An dieser Stelle sei es einmal erlaubt, Mensch zu sein!

Will die Geschäftsführung an den Hemmnissen arbeiten, dann kann sie sich wie folgt selbst unterstützen oder Unterstützung von außen holen:

1. Ich habe mich mit dem Thema mehr Ertrag noch gar nicht bewusst beschäftigt.
   - Mit dem Kauf dieses Buches hat die Geschäftsführung selbst begonnen, sich mit diesem Thema zu beschäftigen. Die Anleitungen im Buch sind die Aufgaben, die die Geschäftsführung für mehr Ertrag zu bearbeiten hat. Bleiben Sie dabei. Auch, wenn Sie vielleicht manchmal denken: Wofür brauche ich das? Es ist tatsächlich eine „Schritt-für-Schritt-Anleitung" für mehr Ertrag. Sie entdecken Ihr Autohaus neu und entwickeln Verständnis für die Mitarbeitenden.
2. Ich habe keine Zeit.
   - Geschäftsführungen haben sich einen bestimmen Arbeitsstil angewöhnt. Dieser Arbeitsstil ergibt sich aus dem Typ einer Geschäftsführung. Ist ein Geschäftsführer selbst ein passionierter Techniker, dann kann er viel Zeit in der Werkstätte verbringen, die eigentlich gar nicht notwendig ist. Das ist zumeist eine unbewusste Verhaltensweise und es ist eher selten, dass eine Geschäftsführung das selbst erkennt und verändert. Für die Änderung eines Arbeitsstils wird ein individuelles Führungskräftetraining empfohlen, das sich ausschließlich mit der Ressource Zeit beschäftigt. Sie werden überrascht sein, wo und wie Sie Zeit gewinnen. Mit so einem Training tun Sie auch einmal etwas für sich selbst.
3. Ich habe ein schlechtes Gewissen, weil die Zahlen schlecht sind.
   - Schlechte Zahlen machen echt keine Freude und deshalb stecken Geschäftsführungen vielleicht den Kopf in den Sand und warten ab. Aus dieser Haltung entstehen kaum Lösungsansätze. Wenn die Zahlen schlecht sind, dann wird empfohlen, sich Knowhow von außen zu holen. Zuerst braucht es Coaching. Das transformiert das schlechte Gewissen. Erst danach ist die Geschäftsführung offen für das Finden notwendiger Strategien. (Ich war selbst Geschäftsführerin und habe mich mit meinen Problemen immer allein herumgeschlagen. Hätte ich gewusst, dass es Menschen gibt, die professionell coachen, hätte ich es in meiner Zeit in der Geschäftsführung viel leichter gehabt.)
4. Ich will nicht, denn dann sehe ich, wo ich etwas falsch mache.
   - Speziell Geschäftsführungen bestehen aus Menschen, die einen hohen Anspruch an sich selbst und andere haben. Sich selbst einzugestehen, etwas falsch zu machen, ist ein schwieriger Prozess. Gleichzeitig braucht es diese Ehrlichkeit zu sich selbst. Sich diese Ehrlichkeit zu erlauben und sich Unterstützung zu holen, hilft enorm. Mache ich als Geschäftsführung etwas falsch, so gibt es Experten, die mir helfen und neue Lösungen anbieten können.

> 5. Ich habe keine Ahnung wie ich die Probleme lösen soll.
> - Um ehrlich zu sein: Das ist normal. Denn wüsste die Geschäftsführung, wie sie die Probleme lösen kann, würde sie es einfach tun. Auch da ist es wichtig, die Probleme konkret mit einer Vertrauensperson mit Expertise ansprechen zu können. Gemeinsam wird dann erarbeitet, ob das Problem an der Verhaltensweise der Geschäftsführung selbst liegt oder die Geschäftsführung Maßnahmen für die Veränderung setzt. Z. B. Gibt es im Verkaufsteam Probleme mit der Verkaufsleitung, dann könnte ein Führungskräfte-Coaching für die Verkaufsleitung helfen.

Im Folgenden gehen wir der Frage nach, was die Geschäftsführung für mehr Ertrag tun kann.

Eine wichtige Erkenntnis für die Lösung zur Zielerreichung ist:

Eine Steigerung der Zielvorgabe braucht *neue* Lösungen!

Dieses Buch kann Sie dabei unterstützen, die Hemmnisse abzubauen. Folgende Vorarbeiten sollten die Geschäftsführungen für „Mehr Ertrag" leisten:

1. Klarheit über die Funktionen im Autohaus geben
2. Klarheit über die Aufgaben geben, die diese Funktionen im Autohaus haben
3. Die Struktur im Autohaus sichtbar machen
4. Prozesse im Autohaus klären
5. Auflisten der Unternehmenszahlen, die zu mehr Ertrag im Autohaus führen
6. Beschreiben, wo die Zahlen im Unternehmen abgebildet sind
7. Zufriedenheit abfragen und entscheiden, an welchen Zahlen für die Ertragssteigerung gearbeitet wird
8. Schulung der Führungskräfte für die relevanten Zahlen aus ihrer Abteilung
9. Zahlen beobachten
10. Für ein motiviertes und kompetentes Team sorgen

1.3.1 Klarheit über die Funktionen im Autohaus geben

Die *Funktion* ist die sachliche Bezeichnung der Stelle oder Position. Die sachliche Bezeichnung ist an der Endung erkennbar. Bei der Funktion wird von der Buchhalt*ung* oder der Geschäftsführ*ung* gesprochen. Die Position ist persönlicher und ist auch an der Endung Buchhalter*in* oder Geschäftsführer*in* ersichtlich. Im Veränderungsprozess hören sich schwierige Sachverhaltsdarstellungen neutraler an, wenn anstatt der Position die Funktion, also anstatt der Geschäftsführer*in* die Geschäftsführ*ung* angesprochen wird. Deshalb wird in Folge immer mit dem Begriff *Funktion* gearbeitet.

Die Funktionen im Autohaus sind:
Geschäftsführung, Betriebsleitung, Buchhaltung, Personalverrechnung, Marketing, Leitung Verkauf, Leitung Kundendienst, Leitung Technik, Leitung Spenglerei/Lack, Leitung Lehre, Verkauf, Dispo, Telefon, Empfang, Service-Assistenz, Serviceberatung, Versicherungsabwicklung, Garantiesachbearbeitung, Teilebeschaffung und -verkauf, Diagnose-Technik, Karosseriebautechnik, Lackiertechnik, Lehre, Fahrzeugreinigung, Reinigung Allgemein, Shuttledienst, Abschlepp- oder Notdienst, Reifendepot

1.3.1.1 Anleitung 3 – Ich will was tun – Funktion im Autohaus

(sinnvoll für Unternehmen, die noch kein Organigramm haben)
Diese Liste ist die Vorbereitung für das Organigramm (Tab. 1.3). Alle Mitarbeitenden werden in ihrer Funktion gesehen. In dieser Liste sind die Funktionen in einem Autohaus aufgeführt. Bitte prüfen Sie zuerst, ob diese Funktionen in Ihrem Autohaus tatsächlich vorhanden sind. Gegebenenfalls streichen oder ergänzen Sie die Funktionen, die für Ihr Unternehmen zutreffen. Danach tragen Sie bitte die Namen Ihrer Mitarbeitenden in die Spalte ein.

Tab. 1.3 Vorbereitung Organigramm „Funktionen"

Funktionen in meinem Autohaus	Wer hat diese Funktion inne?
Geschäftsführung	
Betriebsleitung	
Buchhaltung	
Personalverrechnung	
Marketing	
Leitung Verkauf	
Leitung Kundendienst	
Leitung Technik	
Leitung Spenglerei/Lack	
Lehrling Lehre	
Verkauf	
Dispo	
Telefon	
Empfang	
Service-Assistenz	
Serviceberatung	
Versicherungsabwicklung	
Garantiesachbearbeitung	
Teilebeschaffung/Verkauf	
Diagnose-Technik	
Service-Technik	
Karosseriebautechnik	
Lackiertechnik	
Lehre	
Fahrzeugreinigung	
Reinigung allgemein	
Reifendepot	
Evtl. Zusatzfunktion	

Die Funktion ist die Ermächtigung, die Aufgaben zu erfüllen, die dieser Funktion zugeschrieben werden.

Es gibt in Autohäusern Personen, die eine *Doppelfunktion* ausüben. Eine Doppelfunktion ist dann gegeben, wenn eine Person während der Arbeitszeit zwei unterschiedliche Funktionen innehat. Das kann sich aus dem Arbeitsaufwand ergeben. In einer Werkstatt mit wenigen TechnikerInnen ist eine Leitung Technik nicht voll ausgelastet. Dann könnte diese auch in der Serviceberatung arbeiten. Das wird dann im Dienstvertrag zwischen Leitung Technik und Geschäftsführung schriftlich vereinbart. Es kommt öfter vor, dass Mitarbeitende eine Doppelfunktion haben. Da in jeder Funktion unterschiedliche Interessen vertreten werden, kann diese Situation für die Inhaber einer Doppelfunktion zu einer Belastung führen, die als *innerer Konflikt* bezeichnet wird.

Ein innerer Konflikt liegt vor, wenn eine Person mit Doppelfunktion je Funktion ein unterschiedliches Ziel hat, das sie für wertvoll hält, aber beide Ziele nicht gleichzeitig erreichen kann.

Innerer Konflikt in der Praxis

Eine Leitung Werkstatt ist auch in der Serviceberatung tätig. Als Werkstattleitung ist es ihr wichtig, dass die TechnikerInnen in Ruhe arbeiten können. Als Serviceberatung ist es ihr wichtig, dass jeder Notfallkunde sofort betreut wird. Wenn diese Person Notfallkunden betreut, kann eine innere Zerrissenheit entstehen: Unterbricht sie den/die TechnikerIn bei der Arbeit, um den Kunden sofort zu betreuen, ist der Techniker unzufrieden. Lässt sie den Kunden warten, bis die oder der TechnikerIn frei ist, ist der Kunde unzufrieden. Die Person mit der Doppelfunktion will, dass beide Seiten, die TechnikerInnen und Kunden, zufrieden sind. Ist das nicht möglich, entsteht ein Innerer Konflikt. Innere Konflikte sind unterbewusst anstrengend.

> Machen Sie Doppelfunktionen im Organigramm sichtbar. Haben Mitarbeitende eine Doppelfunktion, kann die Geschäftsführung sie über innere Konflikte aufklären. Oft reicht schon das Wissen darüber, um Erleichterung zu empfinden.

Beruhigt sich der innere Konflikt nicht, holt die Geschäftsführung am besten Unterstützung von außen. Schon ein 90-Minuten-Coaching hilft. Dabei werden die Werte aufgeschrieben, die Mitarbeitenden in einer Doppelfunktion wichtig sind, und gemeinsam Strategien erarbeitet, wie die Werte möglichst optimal erfüllt werden können. Diese Lösungen helfen dann im Ernstfall. Coaches sind speziell ausgebildete Menschen, die mit Betroffenen effizient und lösungsorientiert innere Konflikte klären.

1.3.2 Klarheit über die Aufgabe einer Funktion im Autohaus geben

Die *Aufgaben* einer Funktion sind die Auflistung von konkreten Tätigkeiten der Mitarbeitenden im Autohaus. Diese Aufgaben sind im Dienstvertrag aufgelistet. Das klärt für Mitarbeitende, welche Aufgaben sie konkret haben. Es ist für alle Menschen im Unternehmen informativ, wenn die Aufgaben transparent sind. Damit wird sichergestellt, dass die Aufgaben erfüllt werden. Für die Erfüllung der Aufgaben braucht es klar dokumentierte Arbeitsanweisungen. Diese Anweisungen stellt das Unternehmen in Form von Schulungsunterlagen zur Verfügung.

Wie wichtig das transparent machen der Aufgaben ist, illustriert folgende Aussage, die jede/r kennt:

„Das ist nicht meine Aufgabe."

„Das ist nicht meine Aufgabe." in der Praxis
Führungskräfte machen Mitarbeitende darauf aufmerksam, dass sie dieses oder jenes nicht erfüllen. Die Mitarbeitenden, darauf angesprochen, antworten: „Das ist nicht meine Aufgabe." Das ärgert die Führungskraft. Sie ist dann eventuell unwirsch zu dem Mitarbeitenden, was zu Unverständnis auf beiden Seiten führt.

> Wenn Mitarbeitende ihre Aufgaben nicht erfüllen, bitte zuerst im Dienstvertrag nachschauen, ob diese Aufgabe tatsächlich von diesem Mitarbeitenden durchzuführen ist. Denn es kann sein, dass Mitarbeitende tatsächlich Tätigkeiten deshalb nicht ausführen, weil sie nicht im Dienstvertrag stehen.

Im Laufe der Zeit können Änderungen der Aufgaben von Mitarbeitenden entstehen. Bitte prüfen Sie, ob die Aufgabenlisten in den Dienstverträgen aktuell sind.

Eine richtiggestellte Liste und das Einverständnis der Mitarbeitenden über die Richtigkeit macht geänderte Tätigkeiten transparent.

Hilft diese Maßnahme nicht, kann die Führung die Mitarbeitenden fragen, was sie hemmt, diese Aufgabe zu erfüllen. Da können die Mitarbeitenden ihre Meinung äußern. Das könnte der Führung helfen, eine Lösung zu finden.

Hilft das auch nicht, holen Sie sich Unterstützung von außen. Mitarbeitende wollen der Führung ihre wahren Beweggründe manchmal nicht nennen. Speziell in Gesprächsführung ausgebildete Menschen können Mitarbeitende dabei unterstützen, bei der Zusicherung eines vertraulichen Gesprächs die Gründe für die Nichterfüllung von Aufgaben zu benennen. Danach wird von den Mitarbeitenden oft sogar gewünscht, dass ein klärendes Gespräch im Beisein der Führung geführt wird.

1.3.3 Die Struktur im Autohaus sichtbar machen

Es ist für alle Mitarbeitenden klarer, wenn die Strukturen im Autohaus transparent sind. Die Grundlage für die Organisationsstruktur im Unternehmen ist das Organigramm. Im Organigramm werden alle Mitarbeitenden gesehen. Jeder Person im Autohaus wird eine Funktion zugeordnet. Damit kann jeder Mensch im Autohaus nachvollziehen, welche Funktion eine Person innehat.

Besonders für neue Mitarbeitende ist die Vorlage eines Organigramms hilfreich. Es vereinfacht das Ankommen. Ein Organigramm, das zusätzlich noch aktuelle Fotos der Mitarbeitenden beinhaltet, macht es noch leichter für neue KollegInnen. Sie können rascher zuordnen, wer unmittelbar mit ihnen zusammenarbeitet – sie sehen Namen und Gesicht. Speziell für neue Lehrlinge im Autohaus ist ein aktuelles Organigramm beim Onboarding hilfreich (Abb. 1.1).

Wird die Funktion mit Namen versehen, dann zeigt das Organigramm z. B., wer die Geschäftsführung ist. Es macht sichtbar, welche Personen im Unternehmen *Führungstätigkeit* (dunkelgrau) ausüben. Im Organigramm in Abb. 1.1 führt die Geschäftsführung die Leitung Fahrzeughandel, Kundendienst, Werkstatt und Karosserie/Lack.

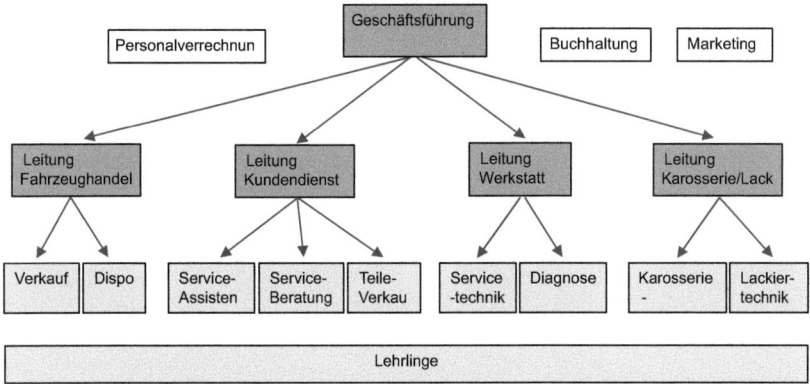

Abb. 1.1 Einfaches Beispiel eines Organigramms für ein Autohaus

Die Buchhaltung, die Personalverrechnung sowie das Marketing sind sogenannte Stabsstellen. Die Stabsstellen sind der Geschäftsführung untergeordnet, ihre Aufgaben werden kostentechnisch und arbeitstechnisch auf die Abteilungen aufgeteilt.

- Die Leitung Fahrzeughandel führt den Verkauf und die Dispo.
- Die Leitung Kundendienst führt die Serviceassistenz, die Serviceberatungen sowie die Teilebeschaffung/-verkauf.
- Die Leitung Werkstatt führt die Diagnose- und Service-Technik.
- Die Leitung Karosserie/Lack führt die Karosseriebau- und Lackiertechnik.
- Als *Team* (hellgrau) werden die Mitarbeitenden jeweils von Fahrzeughandel, Kundendienst, Werkstatt sowie Karosserie/Lack bezeichnet.

Organigramm in der Praxis
Unternehmen wollen kein Organigramm machen, wenn die Fluktuation in der Firma hoch ist. Es macht keinen Spaß und ist viel Arbeit, das Organigramm aktuell zu halten, wenn das Personal häufig wechselt. Am ärgerlichsten ist, dass es zeigt, dass es kein stabiles Team im Unternehmen gibt. Das kann als belastend erlebt werden. Denn es ist die Aufgabe der Führung, für ein stabiles Team zu sorgen. Viele Führungen erleben es

mitunter als Kritik, wenn das Organigramm Fluktuation zeigt und lassen dann die Aufgabe „ein Organigramm aktuell halten" einfach weg, weil sie die Fluktuation als persönliches Scheitern betrachten.

> Jedes Unternehmen braucht ein Organigramm. Die Erkenntnis, dass die Fluktuation groß ist, ist der erste Schritt zur Veränderung. Auch, wenn die Fluktuation jetzt größer ist, als Ihnen lieb ist, bleiben Sie dran. Vielleicht hilft der Volksmund:
>
> „Gescheitert heißt *gescheiter sein.*"

Auch aus Fluktuation lernen Sie. In Kap. 5 – *Unternehmenszahlen aus der Personalverrechnung* wird konkreter Lösungsinput für ein stabiles Team gegeben.

1.3.3.1   Anleitung 4 – Ich will was tun – Organigramm

An dieser Stelle kann für das Unternehmen ein Organigramm erstellt werden. Tragen Sie die Namen der Personen mit den zugewiesenen Funktionen ein. Noch klarer wird es, wenn zusätzlich auch Fotos der Mitarbeitenden eingearbeitet werden (Abbs. 1.2, 1.3, 1.4, 1.5 und 1.6)

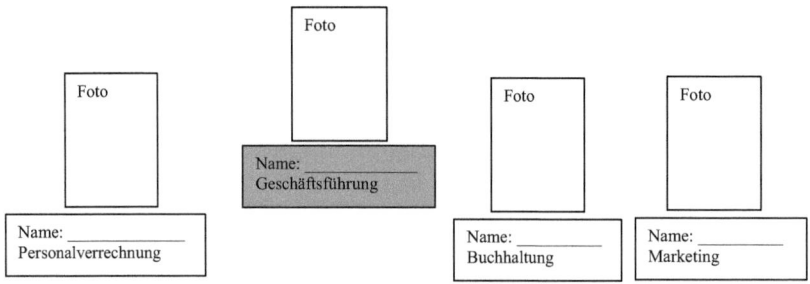

Abb. 1.2   Beispiel Organigramm Stabsstellen

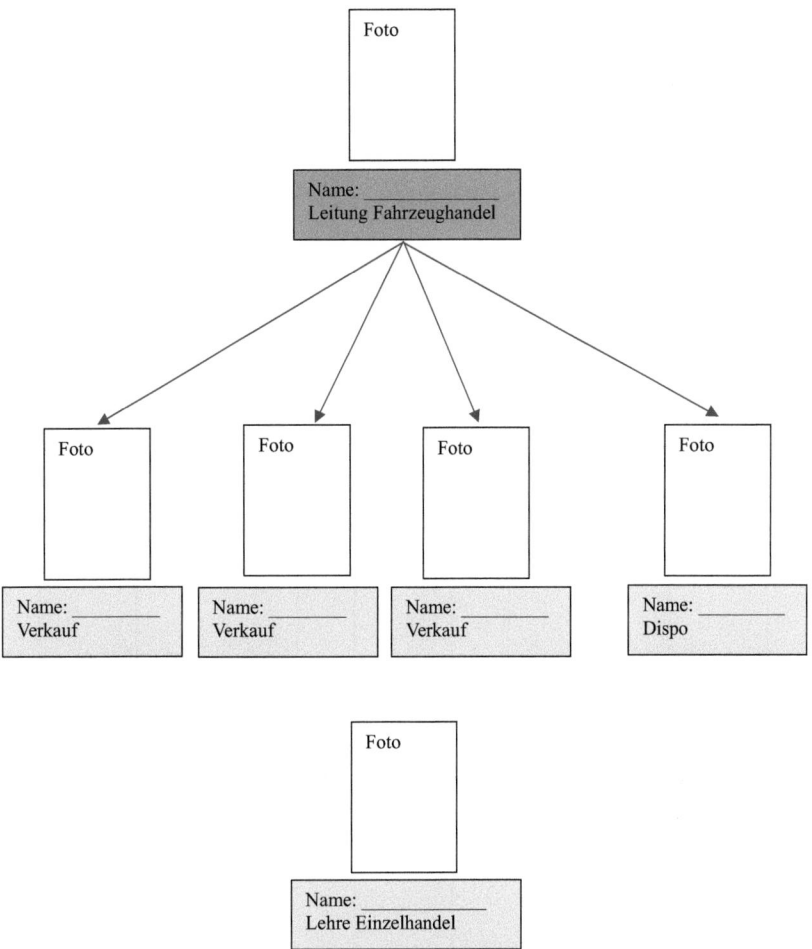

Abb. 1.3 Beispiel Organigramm Fahrzeughandel

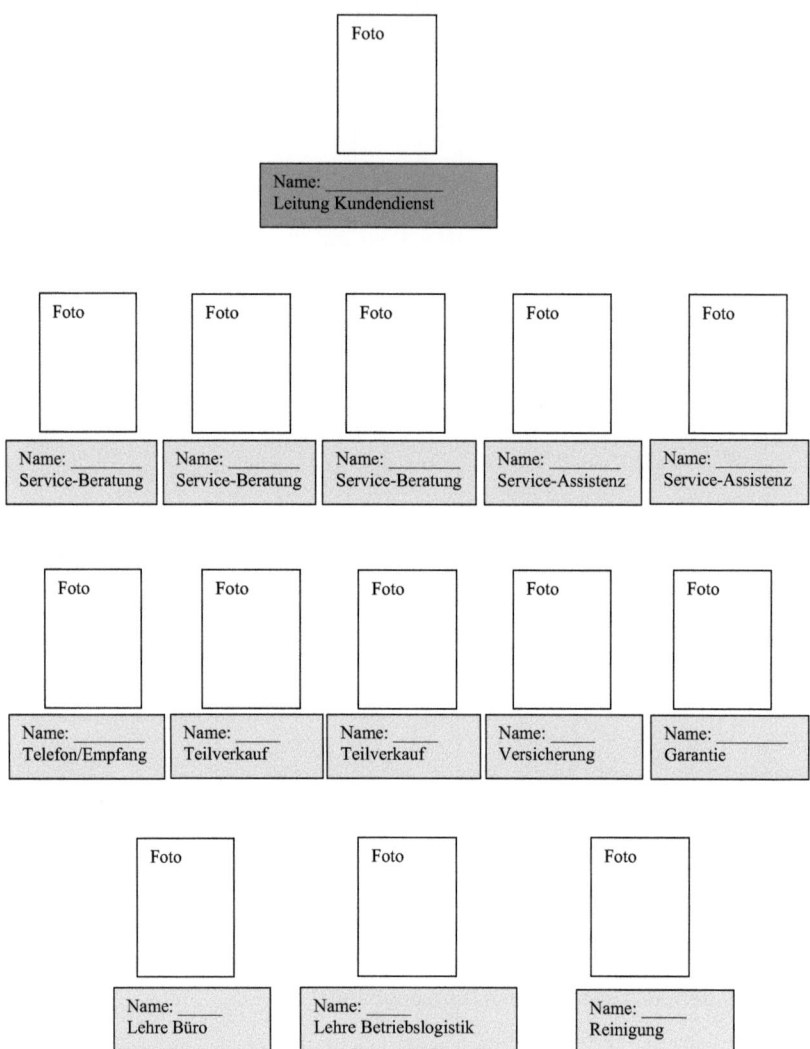

Abb. 1.4   Beispiel Organigramm Kundendienst

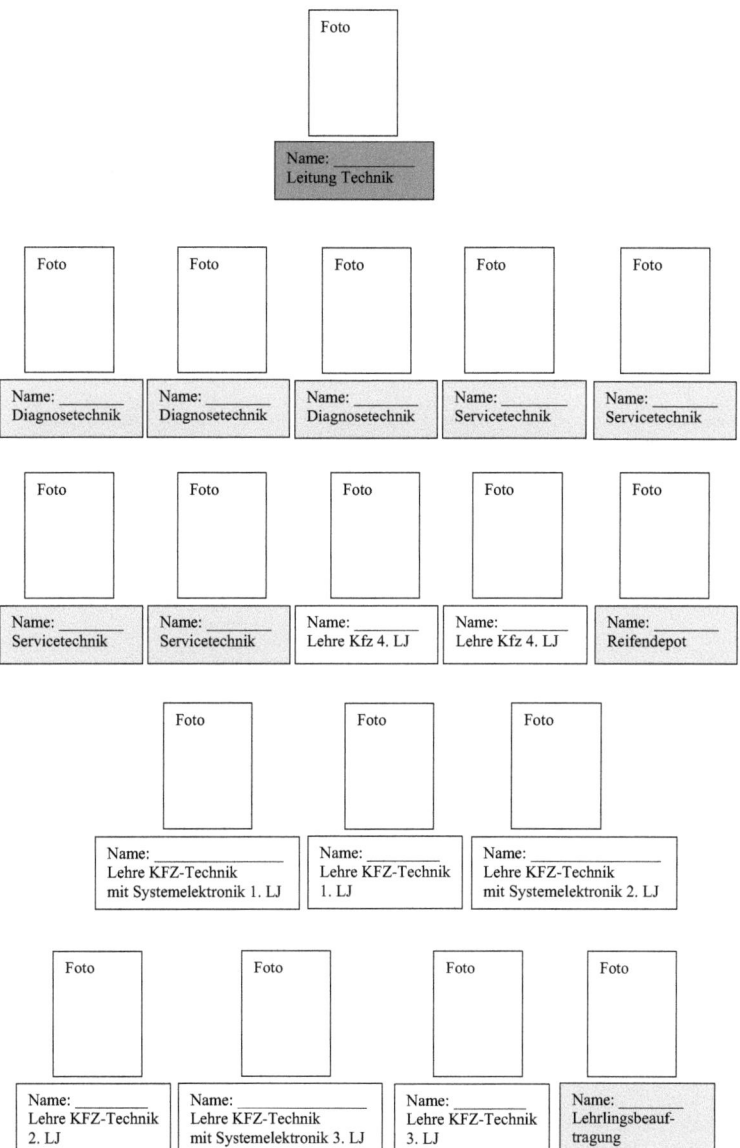

Abb. 1.5 Beispiel Organigramm Technik

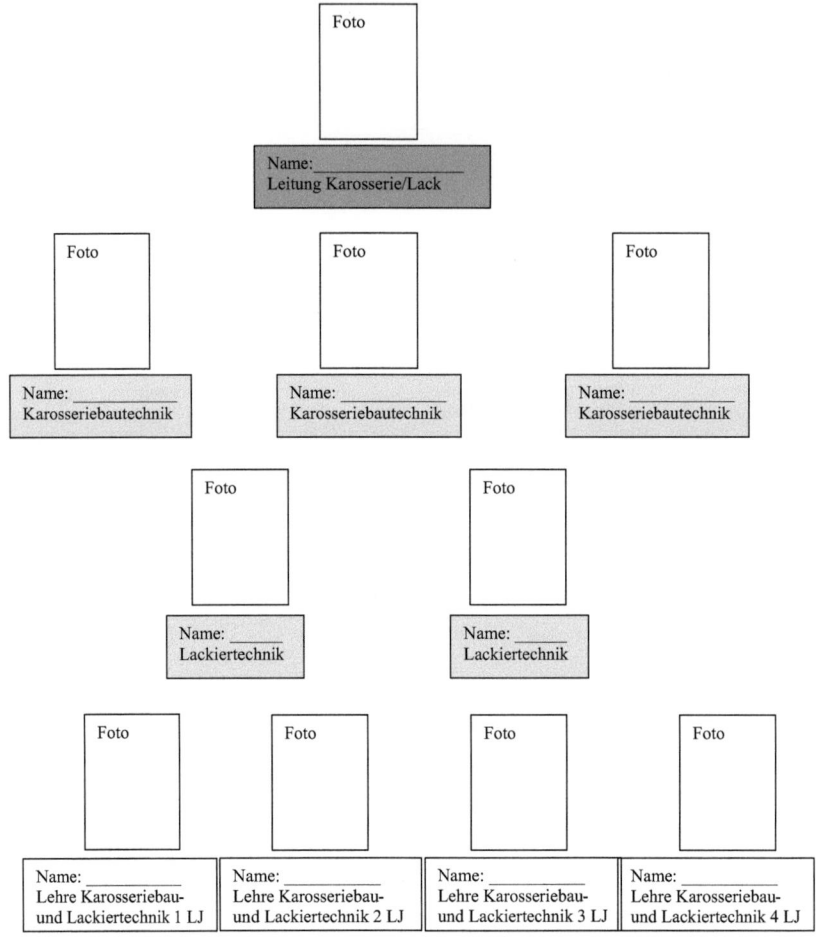

Abb. 1.6 Beispiel Organigramm Karosserie/Lack

1.3.4 Prozesse im Autohaus klären

Ein *Prozess* im Autohaus ist die Abbildung eines strukturierten Ablaufs. Darin sind alle zusammenhängenden Aktivitäten für die Zielerreichung enthalten. Die Aktivitäten werden den Teams zugeteilt und festgelegt, wer im Team wofür genau zuständig ist. So wird sichtbar gemacht, was wann und von wem zu tun ist.

Der Prozess ist für alle Mitarbeitenden im Team gleich durchzuführen. Das sichert bei Vertretungen effizientes Handeln und gibt Klarheit für andere Abteilungen, die mit dem Team zusammenarbeiten. Der Prozess zeigt, wo es bei Nichteinhaltung Lernfelder gibt.

Im Autohaus gibt es z. B. den Werkstattprozess. Das ist der klar strukturierte Ablauf eines Auftrags. Der Auftrag ist das Dokument, mit dem die am Prozess beteiligten Mitarbeitenden arbeiten. Durch den klaren Auftrag ist die Bearbeitung aller am Prozess beteiligten Teams sichergestellt. Alle Informationen zur Erfüllung der Aktivitäten sind auf dem Auftrag sichtbar.

Klare Zuständigkeit in der Praxis

Der Techniker stellt ein Pickerl[1] aus und sieht, dass die Fahrgestellnummer im Auftrag nicht mit dem Zulassungsschein übereinstimmt. Kommt das regelmäßig vor, ist er verärgert, weil es für ihn einen Zusatzaufwand darstellt. Diesen Ärger lässt der Techniker vielleicht an anderen Kollegen aus oder er geht gleich in die zuständige Abteilung, um Dampf abzulassen. Das kann das Betriebsklima stören. Wer ist in so einem Fall zuständig?

Die Lösung zu diesem Praxisbeispiel ist: Die Service-Assistenz erfüllt die Kundenanlage und die Technik erfüllt aus dem Prozess die Durchführung des § 57a Überprüfung. Die Fahrgestellnummer wird bei der Kundenanlage in den Kundenstamm eingepflegt. Stimmt die Fahrgestellnummer nicht mit dem Zulassungsschein überein, hat die Service-Assistenz ein Lernfeld. Der Techniker geht mit diesem Thema zu seiner Führungskraft – Leitung Werkstatt. Die Aufgabe der Leitung Werkstatt ist es, mit der Leitung Kundendienst zu klären, wie es gelingt, dass zukünftig die Fahrgestellnummer auf dem Auftrag mit der Fahrgestellnummer auf dem Zulassungsschein übereinstimmt. Die Leitung Kundendienst hat dann die Aufgabe, diesen Fall im Team sachlich und fachlich zu klären.

---

[1] Umgangssprachlich in Österreich für eine Prüfplakette, die nach bestandener § 57a-Überprüfung (obligatorische technische Verkehrssicherheitsprüfung, auch: „Pickerl"-Überprüfung) an Kraftfahrzeugen angebracht wird.

Wer jetzt einwendet, das klingt nach Anschwärzen von KollegInnen, hat Recht. Es ist die Aufgabe der Führungskräfte, den Sachverhalt ohne Vorwürfe oder Zurechtweisungen an ihre Teammitglieder weiterzugeben. Das stellt sicher, dass alle an der Lösung mitarbeiten. Entweder ist das Thema aufgrund mangelnder Schulung Einzelner entstanden oder es gibt Unklarheit in der Aufgabe oder es sind den Teammitgliedern die Konsequenzen des Themas nicht klar. Dabei ist Kommunikationskompetenz gefragt. Entsteht aus der vorgegebenen Vorgehensweise ein Konflikt, hat die Führungskraft nicht sachlich argumentiert. Daraus ersieht die Geschäftsführung, dass die Führungskraft ein Lernfeld in der Kommunikation hat. Kommunikationstrainings für Führungskräfte wären hilfreich.

1.3.5 Auflistung der Unternehmenszahlen, die zu mehr Ertrag im Autohaus führen

Die Auflistung der Unternehmenszahlen, die zu mehr Ertrag im Autohaus führen, beansprucht hier nicht die Vollständigkeit. Es sollte eine einfache Möglichkeit darstellen, ins Tun zu kommen. Wird eine Aufgabe kompliziert, dann entsteht vielleicht Widerwille. Hier wird Augenmerk auf Machbarkeit und Einfachheit gelegt.

Die Unternehmenszahlen finden Geschäftsführungen in unterschiedlichen Abteilungen im Unternehmen. Es gibt Zahlen aus der Technik, dem Kundendienst, der Garantieabteilung, der Personalverrechnung, der Buchhaltung, dem ET-Lager sowie dem Fahrzeughandel. In den jeweiligen Kapiteln wird genauer auf die Zahlen eingegangen. Zunächst geht es hier um die Auflistung:

- *Unternehmenszahlen aus der Technik*
  - Werkstatt-Auslastung in %
  - Verrechnungsgrad in %

- *Unternehmenszahlen aus dem Kundendienst:*
  - Anzahl offener Aufträge
  - Abrechnung der Kundenaufträge
  - Verkauf der Dienstleistungen des Autohauses

- *Unternehmenszahlen aus der Garantieabteilung:*
  - Anzahl der Garantieaufträge
  - Wert der abgerechneten Garantien
  - Offene Aufträge Garantie

- *Unternehmenszahlen aus der Personalverrechnung:*
  - Anzahl der Krankenstandstage
  - Anzahl und Art der Fluktuation
  - Höhe der Urlaubsrückstellung

- *Unternehmenszahlen aus der Buchhaltung:*
  - Höhe der Außenstände von Kunden und Lieferanten
  - Höhe der Personalkosten
  - Höhe der Erträge
  - Höhe des Wareneinsatzes
  - Höhe der Rückstellungen und Abschreibungen
  - Ertragswert Fahrzeughandel

- *Unternehmenszahlen aus dem Ersatzteilverkauf:*
  - Lagerwert
  - Abschreibung für Ersatzteile

- *Unternehmenszahlen aus dem Fahrzeugverkauf:*
  - Anzahl der Neuwagenverkäufe
  - Anzahl der Gebrauchtwagenverkäufe
  - Anzahl der Leasing- und Versicherungsverträge

- *Zahl aus Kundenzufriedenheitsabfragen:*
  - Anzahl der Abfragen zur Zufriedenheit der Kunden

1.3.6 Beschreibung, wo die Zahlen im Unternehmen abgebildet sind

In Autohäusern wird mit unterschiedlichen EDV-Programmen gearbeitet. Abhängig vom Betriebssystem, Herstellersystem und der Unternehmensorganisation können unterschiedliche Beschreibungen in Bezug darauf entstehen, wo die Zahlen im Unternehmen abgebildet sind. Gleichzeitig sind die Zahlen branchenüblich benannt.

- *Abteilung Technik*
  - Werkstatt-Auslastung in %, Händlerprogramm
  - Verrechnungsgrad in %, Händlerprogramm

- *Abteilung Kundendienst*
  - Anzahl offener Aufträge, Händlerprogramm
  - Anzahl von Zusatzverkäufen, Händlerprogramm

- *Garantieabteilung*
  - Anzahl der Garantieaufträge, Herstellerprogramm/Buchhaltung
  - Wert der abgerechneten Garantien, Herstellerprogramm/ Buchhaltung
  - Offene Aufträge Garantie, Händlerprogramm

- *Personalverrechnung*
  - Anzahl und Art der Fluktuation, Lohnverrechnungsprogramm
  - Anzahl der Krankenstandstage, Lohnverrechnungsprogramm
  - Höhe der Urlaubsrückstellung, Buchhaltungsprogramm

- *Buchhaltung*
  - Höhe der Außenstände von Kunden und Lieferanten, Buchhaltungsprogramm
  - Höhe der Personalkosten, Buchhaltungsprogramm
  - Höhe der Erträge, Buchhaltungsprogramm
  - Höhe des Wareneinsatzes, Buchhaltungsprogramm
  - HöhederRückstellungenundAbschreibungen,Buchhaltungsprogramm
  - Ertragswert Fahrzeughandel, Buchhaltungsprogramm

- *ET-Lager*
  - Lagerwert, Händlerprogramm
  - Abschreibung für Ersatzteile, Händlerprogramm

- *Fahrzeughandel*
  - Anzahl der Neuwagenverkäufe, Händlerprogramm/Buchhaltung
  - Anzahl der Gebrauchtwagenverkäufe, Händlerprogramm/ Buchhaltung
  - Anzahl der Leasing- und Versicherungsverträge, Händlerprogramm/ Buchhaltung

- *Kundenzufriedenheit*
  - Anzahl der Abfragen zur Zufriedenheit der Kunden, Herstellersystem

1.3.7 Zufriedenheitsabfrage und Entscheidung, an welchen Zahlen für die Ertragssteigerung gearbeitet wird

Die Zufriedenheitsabfrage ist die bewusste Entscheidung an welchen Zahlen für die Ertragssteigerung gearbeitet wird. Zuerst werden die Zahlen gesammelt und in die folgende Liste eingetragen. Bitte tragen Sie die aktuellen Zahlen aus Ihrem Autohaus ein. Die Sammlung der Zahlen ist ein Aufwand. Dabei kann sich die Geschäftsführung Unterstützung der einzelnen Abteilungen holen. Wo Sie die Werte finden, ist in der Beschreibung, wo die Zahlen im Unternehmen abgebildet sind, ersichtlich.

1.3.7.1 Anleitung 5 – Ich will was tun – Werte sammeln, Zufriedenheit bestimmen und entscheiden, wo ich etwas tue

Die Werte werden nach Perioden abgerufen (Tab. 1.4). Die Perioden können Tages-, Wochen-, Monats-, Quartals-, Halbjahres- oder Jahreswerte sein. Anfangs wird empfohlen mit Jahreswerten zu arbeiten. Die Umsätze in Kfz-Werkstätten schwanken. Während der Zeit für Reifenwechsel in den Monaten April, Mai, Juni sowie Oktober und November sind die Umsätze höher. In den anderen Monaten kann es aufgrund der Urlaubszeit zu niedrigeren Umsätzen in der Werkstätte kommen. Deshalb arbeiten Sie bitte Jahreswerte in die Spalte 2 ein.

Ist Ihnen die Sammlung aller Zahlen zu aufwendig, dann beschränken Sie sich auf die Zahlen, die Sie einfach erhalten oder die Sie interessieren. Die Anleitungen sind ein Angebot, als Geschäftsführung ins Tun zu kommen.

Tab. 1.4 Zahlenwerte und Handlungsentscheidungen

Zahl	z. B.: Vorperiodenwert	Zufrieden auf einer Skala von	An diesem Wert will ich Veränderung
	Überschreiben Sie hier mit Ihren eigenen Unternehmenswerten	**1–5**	
Werkstatt-Auslastung in %	80 %		
Verrechnungsgrad in %	95 %		
Anzahl offener Aufträge	50		
Anzahl offener Garantieanträge	3		
Anzahl und Art der Fluktuation	1		
Anzahl der Krankenstandstage	10		
Höhe der Außenstände Kunden	€ 5000,—		
Höhe der Außenstände Lieferanten	€ 10.000,—		
Personalkosten	Steigerung 20 %		
Garantiegesamtbetrag	50 % gesunken		
Höhe der Erträge	gleichbleibend		
Höhe des Wareneinsatzes	Senkung 20 %		
Höhe der Abschreibung Ersatzteile	Steigerung 5 %		
Ertragswert Fahrzeughandel	20 % gesunken		
Lagerwert	5 % gestiegen		
Anzahl der Neuwagenverkäufe	10 % gesunken		
Anzahl der Gebrauchtwagenverkäufe	20 % gestiegen		
Anzahl der Leasing- und Versicherungsverträge	30 % gestiegen		
Anzahl der Abfragen zur Zufriedenheit der Kunden	0		

Nach Eintrag des Vorperiodenwertes (Spalte 2) beginnt die Zufriedenheitsabfrage. Die Abfrage führen Sie als Geschäftsführung durch. Sie bewerten die Zahl und deren Wert mit den Ziffern 1–5. Dabei bedeutet die 1, dass Sie mit der Zahl sehr zufrieden sind. Die mit 2 bewertete Zahl zeigt, dass Sie zufrieden sind. Die Zahl, die Sie mit 3 bewerten ist für Sie OK. Bei der Bewertung mit 4 nehmen Sie sich vor etwas zu tun. Bewerten Sie die Zahl mit 5, dann wollen Sie als Geschäftsführung rasch etwas tun.

1. ich bin sehr zufrieden
2. ich bin zufrieden
3. das ist für mich OK
4. ich tu´ was
5. ich will rasch etwas tun

Die Bewertung der Zufriedenheit ist abgeschlossen. Danach entscheidet die Geschäftsführung, an welchem Wert sie arbeiten möchte.

Für die Machbarkeit ist es wichtig, dass IMMER nur EIN Thema bearbeitet wird. Es ist ein Aufwand, ein Thema zu klären. Die Chance einer zufriedenstellenden Lösung steigt, wenn ein konkretes Thema angesprochen wird und ausschließlich Lösungen für dieses Thema gesucht werden. Für die an der Lösung beteiligten Personen ist es einfacher, gezielt Lösungen vorzuschlagen. Es empfiehlt sich trotzdem, alle Lösungsvorschläge zu sammeln, denn es kann sein, dass ein Lösungsvorschlag zwar nicht das gerade zu lösende Thema klärt, aber für nachfolgende Themen praktikabel ist.

1.3.8 Schulung der Führungskräfte für die relevanten Zahlen aus ihrer Abteilung

Die Geschäftsführung hat bei der Herkunft, der Werterstellung und bei der Zufriedenheitsabfrage der Zahlen bereits erkannt, dass es aufwendig ist, die konkreten Zahlen für die Ertragssteigerung zusammenzusuchen.

Dabei hat sich die Geschäftsführung viel Knowhow erarbeitet. Mit dieser Kompetenz geht die Geschäftsführung nun zu den Führungskräften, denn in vielen Autohäusern beschäftigen sich Führungskräfte nur dann mit Zahlen, wenn es auch die Geschäftsführung tut.

> Für Führungskräfte kann es irritierend sein, wenn Geschäftsführungen plötzlich das Thema Zahlen im Unternehmen ansprechen. Es kann als Kontrolle und Überregulierung aufgefasst werden. Es kann Ablehnung vonseiten der Führungskräfte kommen. Daher ist es sinnvoll, die Führungskräfte darüber zu informieren, was der Anlass und der Zweck für das Thema Zahlen im Unternehmen ist.

Die Geschäftsführung könnte zu den Führungskräften sagen: „2024 ist der Ertrag von 20.000 auf 10.000 zurückgegangen. Aufgrund der Ertragslage im Unternehmen habe ich mich sicherheitshalber dazu entschieden, in allen Abteilungen nach Möglichkeiten zur Ertragssteigerung zu suchen. Deshalb ersuche ich Sie, mich bei der Steigerung der Erträge zu unterstützen. Ist das für Sie OK? Wenn ja, dann erkläre ich Ihnen, wie ich dabei vorgehe und was Sie tun können."

Diese Ansprache dient dazu, die Führungskräfte ins Boot zu holen. Sie erklären, welche Zahlen angeschaut werden, wie sie sich im Unternehmen darstellen und wie sie konkret aussehen. Das macht verständlich, weshalb es in verschiedenen Abteilungen zu einer Anpassung kommt.

Um sich in die Führungskräfte hineinzuversetzen, könnte die Geschäftsführung an die Zeit zurückdenken, in der sie begonnen hat, sich mit den Unternehmenszahlen auseinanderzusetzen. Haben Sie von Beginn an mit Begeisterung am Zahlenbild im Unternehmen gearbeitet? Haben Sie gleich verstanden, warum das Zahlenbild zur Ertragssteigerung führen kann? Waren Sie manchmal versucht, aufzugeben? So geht es jetzt den Führungskräften.

Akzeptiert die Führungskraft, dass ein Thema in ihrem Bereich eine Lösung braucht, dann ist die Bereitschaft da, nach Lösungsansätzen zu suchen.

Nachfolgend finden Sie eine Übersicht, die zeigt, welche Zahlen aus welcher Abteilung kommen und welche Führungskraft die Sicherheit gibt, dass die Zahlen Erfolg versprechen.

- *Technik*
  - Werkstatt-Auslastung in %
  - Verrechnungsgrad in %

- *Kundendienst*
  - Anzahl offener Aufträge
  - Abrechnung der Kundenaufträge
  - Verkauf der Dienstleistungen des Autohauses

- *Garantieabteilung*
  - Anzahl der Garantieaufträge
  - Wert der abgerechneten Garantien
  - Offene Aufträge Garantie
  - Anzahl der Abfragen zur Zufriedenheit der Kunden
    Achtung: diese Zahlen bitte nur mit Mitarbeitenden im Autohaus besprechen, die eine Führungskraft sind.

- *ET-Lager*
  - Lagerwert
  - Abschreibung für Ersatzteile
  - Fahrzeughandel
  - Anzahl der Neuwagenverkäufe
  - Anzahl der Gebrauchtwagenverkäufe
  - Anzahl der Leasing- und Versicherungsverträge

- *Geschäftsführung*
  - Anzahl der Krankenstandstage
  - Anzahl und Art der Fluktuation
  - Höhe der Urlaubsrückstellung
  - Höhe der Außenstände von Kunden und Lieferanten
  - Höhe der Personalkosten

- Höhe der Erträge
- Höhe des Wareneinsatzes
- Höhe der Rückstellungen und Abschreibungen
- Ertragswert Fahrzeughandel

1.3.8.1 Anleitung 6 – Ich will was tun – Vorgehensweise *Mehr Ertrag*

So können Sie bei der Lösung von Themen für Mehr Ertrag im Autohaus vorgehen.

• Sie bestimmen das Thema, bei dem Sie Ertragssteigerung wollen.
• Sie bestimmen die Personen im Unternehmen, die an der Lösung mithelfen können.
• Sie holen von jeder zuständigen Person deren persönliche Meinung zum gewählten Thema ein.
• Sie unterscheiden bei der Meinung nach individueller Wahrnehmung oder allgemeiner Gültigkeit.
• Bei den allgemeingültigen Meinungen suchen sie Lösungen.
• Am Schluss bestimmen Sie gemeinsam, welche Lösungen wie, von wem und wann durchgeführt werden.

**Thema: Erhöhung der Arbeitsleistung Werkstatt um 4 %
Personen: Geschäftsführung**

• *Meinung:* Die Werkstattauslastung ist bei 80 %. Da müsste eine Steigerung möglich sein.
  – *Allgemeine Gültigkeit:* JA
  – *Lösung:* Schulung Leitung Werkstatt
  – *Wie, wer, wann?* Geschäftsführung mit Leitung Werkstatt nächsten Freitag um 14.00 Uhr
• *Meinung:* Ich sehe die Techniker am Nachmittag oft herumstehen, warum arbeiten sie nicht?
• *Meinung:* Wir haben oft Reklamationen.
• *Meinung:* Arbeiten die Lehrlinge schon aktiv mit?
• *Meinung:* Der Leistungsgrad der Techniker ist unter 100 %.

– *Allgemeine Gültigkeit:* JA
* *Meinung:* Dieser Techniker arbeitet immer, die anderen schauen nur zu.

Personen: Leitung Werkstatt

* *Meinung:* Die Techniker sind unzufrieden
* *Meinung:* Bekommt der Techniker den Auftrag, dann jammert er schon.
* *Meinung:* Sie beschweren sich, wer die interessanten Arbeitsaufträge bekommt
* *Meinung:* Ich habe das Gefühl, dass die Stimmung im Team schlecht ist.
* *Meinung:* Mit der Auslastung der Werkstatt habe ich noch gar nicht gearbeitet
  – *Allgemeine Gültigkeit:* JA
  – *Lösung:* Schulung Leitung Werkstatt
  – *Wie, wer, wann?* Geschäftsführung mit Leitung Werkstatt nächsten Freitag um 14.00 Uhr

Personen: Leitung Kundendienst

* *Meinung:* Die Serviceberatung sagt, dass die Aufträge nicht in der vorgegebenen Zeit bearbeitet werden.
* *Meinung:* Die Serviceberatung sagt, dass manche Techniker nicht gut sind.
* *Meinung:* Die Serviceberatung sagt, dass die Einteilung in der Werkstatt nicht passt.
* *Meinung:* Ich verstehe nicht, weshalb ich gefragt werde. Ich kann nichts für eine Steigerung der Arbeitsleistung aus der Werkstatt tun.

An dieser Stelle folgt ein kleiner Exkurs zu Kommunikation und Konfliktmanagement und mehr Ertrag aus der Arbeitsleistung Werkstatt.

Exkurs zu Kommunikation und Konfliktmanagement und mehr Ertrag aus der Arbeitsleistung Werkstatt
Für die Geschäftsführung ist es relativ einfach, einen Bereich festzulegen, in dem das Autohaus mehr Ertrag erzielen soll. Auch welche Personen an der Lösung mithelfen sollen, ist rasch gefunden.

Es wird schwieriger bei der Einholung der Meinung der jeweiligen Person. Im vorstehenden Beispiel sehen Sie es deutlich. Doch glauben Sie, dass diese Meinungen gleich geäußert werden? Während die Geschäftsführung eher sachliche Argumente aufzählt, wird es bei der Leitung Werkstatt und der Leitung Kundendienst angriffig. Es könnte sein, dass solche Meinungen gar nicht offen ausgesprochen werden, denn niemand möchte andere anschwärzen oder eigene Schwächen zugeben.

Da braucht es eine Geschäftsführung, die kommunikativ stark ist und mit Konflikten umgehen kann. Diese Kompetenzen erleichtern den Umgang mit Leitungen von Teams und Mitarbeitenden.

Was kann eine Geschäftsführung in so einem Fall tun? Ist eine Geschäftsführung kommunikativ stark, dann analysiert sie die Meinung zuerst einzeln und entscheidet, was für die allgemeine Gültigkeit aufgenommen wird (Tab. 1.5).

Tab. 1.5 Beispiel einer Analyse

	Meinungen	Analyse
Leitung Werkstatt	Die Techniker sind unzufrieden.	Was meint die Leitung Werkstatt, wenn Sie sagt, die Techniker sind unzufrieden? Ich lasse mir konkrete Beispiele dazu geben.
	Bekommt der Techniker den Auftrag, dann jammert er schon.	Ist das immer der gleiche Techniker, oder sind es alle? Was meint er mit jammern?
	Sie beschweren sich, wer die interessanten Arbeitsaufträge bekommt.	Was sind interessante Arbeitsaufträge? Kann es sein, dass die Leitung Werkstatt nicht jedem Techniker vertraut die Arbeiten zu erledigen?
	Ich habe das Gefühl, dass die Stimmung im Team schlecht ist.	Es ist die Aufgabe der Leitung Technik, für gute Stimmung im Team zu sorgen. Kann es sein, dass die Leitung Technik ein Lernfeld als Führungskraft hat?
	Mit der Auslastung der Werkstatt habe ich ja noch gar nicht gearbeitet.	Wenn die Leitung Werkstatt mit der Auslastung noch nie gearbeitet hat, dann braucht sie dabei Unterstützung und Information von der Geschäftsführung.

Die Analyse zeigt der Geschäftsführung möglichen Handlungsbedarf

- Sind Techniker unzufrieden, dann könnte ein offenes Gespräch mit den einzelnen Technikern Klarheit bringen. (z. B. könnte ein Techniker mit der Bezahlung unzufrieden sein und ein anderer mit seinem Werkzeug)
- Jammern Techniker über die Aufträge, dann könnte auch ein offenes Gespräch mit den einzelnen Technikern Klarheit bringen. (z. B. könnte ein Techniker mit dem ihm übertragenen Auftrag über- oder unterfordert sein, während sich ein anderer Techniker ärgert, weil die Arbeitsvorgabe schon wieder ungenau ist.)
- Bei den interessanten Arbeitsaufträgen könnte es sein, dass sich die Techniker ungerecht behandelt fühlen. Vielleicht hat die Leitung Werkstatt nicht in alle Techniker das gleiche Vertrauen in die Arbeit. Dann könnte es helfen, dass die Techniker nach Absprache z. B. Schulungen erhalten.
- Ist die Stimmung im Team schlecht, könnte es sein, dass die Leitung Werkstatt in Ihrer Tätigkeit als Führungskraft Entwicklung braucht.
- Bei den Auslastungswerten schließlich hat die Geschäftsführung erkannt, dass sie die Leitung Werkstatt schulen muss.

Durch diese Analyse erkennt die Geschäftsführung folgende Themen:

- Bei der Meinung der Personen ist es oft unklar und es kommt zu Bewertungen, die eine genauere Analyse erfordern.
- Für die Analyse braucht es die Person, die die Meinung geäußert hat, damit die Analyse klar wird, z. B. mit Fragen wie: „Sie sagen, die Techniker sind unzufrieden. Können Sie mir konkrete Beispiele nennen, warum die Techniker unzufrieden sind?"
- Ist die Analyse durchgeführt, geht es an ihre Auswertung. Hat die jeweilige Meinung allgemeine Gültigkeit für die Erreichung von 4 % mehr Arbeitsleistung aus der Werkstatt oder sollten andere Lösungen gefunden werden.

Fühlen sich Geschäftsführungen oder Führungskräfte bei Gesprächen mit Mitarbeitenden unwohl, haben diese ein Lernfeld. Das Lernfeld ist Kommunikations- und Konfliktkompetenz. Dafür gibt es Trainings wie

beispielsweise Entwicklung der Kommunikations- und Konfliktkompetenz für Geschäftsführungen und Führungskräfte im Autohaus.

1.3.9 Beobachtung der Zahlen

Die Bezeichnung „Zahlenbeobachtung" ist bewusst so gewählt. In Unternehmen wird dieser Vorgang üblicherweise Controlling genannt. Kontrolle ist zwar eine übliche Benennung, könnte von Führungskräften allerdings negativ ausgelegt werden: Wir werden kontrolliert. Im Sinne
einer positiven Handlungssprache wird der Begriff *Zahlenbeobachtung*
empfohlen.

Hat die Geschäftsführung die Herkunft, die Werterstellung und die
Zufriedenheitsabfrage der Zahlen durchgeführt, ist die Basis für die Ertragssteigerung gelegt. Die Beobachtung der Zahlen gibt die Sicherheit
für die Erreichung des Zieles. Will das Ziel Ertragssteigerung erreicht
werden braucht es die konsequente Beobachtung der Zahlen. Die Geschäftsführung bearbeitet die Themen mit den im Unternehmen beschäftigten Führungskräften. Das gibt den Führungskräften die Sicherheit, dass der Geschäftsführung das Thema wichtig ist, und vermittelt
ihnen so das Bewusstsein, wichtige Beiträge zu leisten und an der Zielerreichung beteiligt zu sein. Es werden gemeinschaftlich Ziele vereinbart.
Es wird gemeinschaftlich an Lösungen zur Zielerreichung gearbeitet. So
können Ziele erreicht werden. Und das Beste: Es kann auch *gefeiert* werden, wenn Ziele erreicht sind.

Wichtig ist, dass die Beobachtung regelmäßig und verlässlich erfolgt
und als Feedback an die zuständigen Personen weitergegeben wird:

- Sind die Schwankungen ok?
- Passt die Toleranz?
- Was sind die Gründe, wenn die Zahlen sich verändern?

Sind Zahlen im Plus, kann die Geschäftsführung Anerkennung aussprechen. Sind die Zahlen im Minus, erarbeitet die Geschäftsführung
mit den Führungskräften die Gründe für die Nichterreichung. So bekommt die Geschäftsführung die Sicherheit, dass sie immer am Puls ist.

Ab wann die Geschäftsführung Maßnahmen für die Erreichung des Unternehmensziels setzt, entscheidet sie aufgrund der Beobachtung der Zahlen.

Beobachtung der Zahlen in der Praxis
Das Ziel ist vorgegeben. Die Geschäftsführung glaubt, schon genug für die Ertragssteigerung getan zu haben und verabsäumt die Beobachtung der Ziele. Oft fehlt die Idee, wie das gemacht wird. Wird die Beobachtung nicht durchgeführt, verlaufen bereits erreichte Ziele wieder im Sand.

Bitte bleiben Sie dran! Es zahlt sich aus! Die Einarbeitung in dieses Thema dauert allerdings ein bisschen.

Beobachten Sie anfangs die Zahl monatlich, um sich an das System zu gewöhnen. Übung macht den Meister. Am besten ist es, wenn Sie sich einen *Zahlentag* fix in den Terminkalender eintragen, z. B.: Jeden zweiten Dienstag lasse ich mir die Saldenliste von der Buchhaltung schicken und beobachte die Zahlen.

Die Beobachtung der Zahlen kann

- täglich
- wöchentlich
- *monatlich*
- quartalsweise
- halbjährlich oder
- jährlich

erfolgen. An dieser Stelle wird empfohlen, ein vorgegebenes Ziel monatlich zu beobachten. In Anleitung 2 (Abschn. 1.2.1) wurde ein zahlenmäßiges Ziel vorgegeben. Es lautet:

> Die Erträge aus der Arbeitsleistung Werkstatt soll jährlich um 4 % gesteigert werden.

Dabei hat sich die Zahl 482.040 ergeben. Mit dieser Zahl kann bei der Beobachtung gearbeitet werden. Die folgende Anleitung 7 zeigt, wie mit der Zahlenbeobachtung konkret gearbeitet wird. Wichtig dabei ist, dass auch die Führungskraft in diesen Prozess eingebunden ist.

1.3.9.1   Anleitung 7 – Ich will was tun – Zahlen beobachten

Die Zahlenbeobachtung kann als *Zahlentag* in das Unternehmen einge-
führt werden (Tab. 1.6). Der Zahlentag sollte möglichst mit Tag und
Uhrzeit fixiert werden. Damit kommen Routine und Sicherheit in den
Ablauf. Im Beispiel ist das die Überschrift in Spalte 1.

In Spalte 2 steht die monatliche Vorgabe, z. B.: 482.040: 12 = 40.170.
Dieser Betrag wird monatlich kumuliert eingetragen.

In Spalte 3 tragen Sie bitte monatlich die konkreten Zahlen aus der
Buchhaltung ein.

In Spalte 4 sehen Sie die Abweichung. Liegt der Wert im Zielbereich,
ist es OK. Wenn nicht, dann kann nach Lösungen (Spalte 5) gesucht werden.

Überprüfte Zahlen und belegbare Zielvorgaben geben der Geschäftsführung die Chance, laufend zu beobachten, ob das Ziel erreicht wird.
Damit stellt die Geschäftsführung sicher, dass am Ende des Jahres ein

Tab. 1.6 Zahlen erfassen und beobachten

Spalte 1	Spalte 2	Spalte 3	Spalte 4	Spalte 5
Zahlentag jeden 2. Dienstag im Monat (z. B. 2025)	Arbeitsleistung Werkstatt,	Konkrete Zahl aus der Buchhaltung kumuliert	OK = passt	Lösungen
8.00 Uhr	Kumulierte Vorgabe	Monatlich	X = Lösungssuche	
14.01.25	40.170			
11.02.25	80.340			
11.03.25	120.510			
08.04.25	160.680			
13.05.25	200.850			
10.06.25	241.020			
08.07.25	281.190			
12.08.25	321.360			
09.09.25	361.530			
14.10.25	401.700			
11.11.25	441.870			
09.12.25	482.040			

Gewinn erzielt wird. Falls sich die Zahlen anders entwickeln, kann die Geschäftsführung rasch gegensteuern.

Ergibt das Vorjahresergebnis einen Verlust, dann empfiehlt sich rasches Handeln. Für Geschäftsführungen kann das eine schwierige Situation sein. Eventuell ist sie sogar so belastet, dass sie keine Lösungsansätze aus eigener Kraft entwickelt. Dann ist es sinnvoller sich Unternehmensberatung mit dem Ziel der Ertragssteigerung ins Haus zu holen.

So unterstützt Unternehmensberatung bei Verlusten im Autohaus: Sie

- erkennt rasch die Gründe, weshalb ein Verlust entstanden ist.
- zeigt sofort die Abteilungen, an denen Veränderungen notwendig sind.
- gibt Lösungen für die Veränderung vor.
- holt die Mitarbeitenden für die Veränderungen ins Boot.
- zeigt, wie die Veränderung durchgeführt wird.
- führt das Autohaus in die Gewinnzone.

1.3.10 Für ein motiviertes und kompetentes Team sorgen

Die Geschäftsführung hat mit verschiedenen Gruppen im Autohaus zu tun. Das ist aus dem Organigramm klar ersichtlich. Gemeint sind hier die Stabsstellen, die Leitungen, die Teams und die einzelnen Mitarbeitenden.

Demotivation und Motivation
Demotivation erkennt die Geschäftsführung an schlechter Stimmung, ungehaltenem Verhalten oder unüblichem Schweigen der Menschen im Autohaus. Für die Geschäftsführung ist es mitunter schwierig zu erkennen, von wo die Demotivation ausgeht und wen sie genau und weshalb betrifft. Das macht es für Geschäftsführungen schwierig, Maßnahmen zu

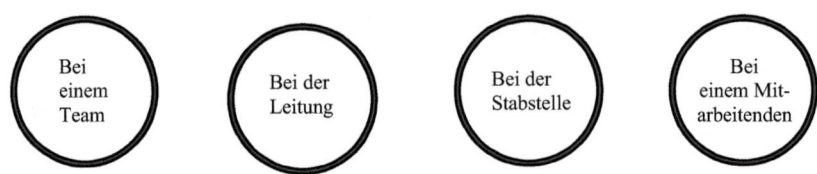

Abb. 1.7 Bei wem kann Demotivation entstehen?

setzen. Aus dieser Hilflosigkeit kommen von vielen Geschäftsführungen Aussagen wie: „Ich bin doch nicht der Psychologe der Mitarbeiter. Die sollen bitte arbeiten." Diese Denkweise ist verständlich. Gleichzeitig verändert sich dadurch nichts und wenn keine Maßnahme für Motivation gesetzt wird, kann aus Demotivation ungewünschte Fluktuation entstehen (Abb. 1.7).

Ist die Geschäftsführung bereit, etwas für die Motivation zu tun. dann ist eine mögliche Strategie, sich die einzelnen Bereiche, in denen Demotivation entsteht, einzeln zu betrachten.

Folgende Verhaltensweisen können das Team demotivieren:

- Die Zusammenarbeit mit den anderen Teams ist unklar.
- Die Arbeitsaufträge von Team zu Team entsprechen nicht den Prozessen.
- Im Team ist unklar, wer welche Funktion innehat.
- Einzelne Teammitglieder erfüllen ihre Aufgaben nicht.
- Das Team respektiert die Leitung nicht.
- Das Team ist mit der Vorgehensweise der Leitung nicht einverstanden.
- Das Team bekommt keine Ziele vorgegeben.
- Das Team bekommt keine Anerkennung für seine Leistung.
- Im Team gibt es menschliche Unstimmigkeiten.

Folgende Lösungsstrategien könnte die Geschäftsführung anwenden:

- Um die Zusammenarbeit der Teams untereinander klar darzustellen kann die Geschäftsführung die Prozesse im Autohaus bestimmen.
- Die Geschäftsführung delegiert der Leitung, dass in der Zusammenarbeit mit den Teams untereinander die Prozesse einzuhalten sind. Die

Leitung hat die Aufgabe. das zu beobachten. Bei Nichteinhaltung der Prozesse klärt das die Leitung mit der Leitung aus dem anderen Team.

- Die Geschäftsführung delegiert an die Leitung, jedem Teammitglied ein Organigramm mit den Funktionen zu geben.
- Die Geschäftsführung delegiert an die Leitung, dass für das Team eine Aufgabenliste erstellt wird und stellt sicher, dass alle Aufgaben mit Vertretungen sichtbar (aufgeschrieben) und verteilt sind.
- Die Geschäftsführung hat das Gefühl, dass die Leitung des Teams nicht als Führungskraft akzeptiert wird. Dann kann die Geschäftsführung die Führungskraft selbst schulen und entwickeln.
- Ist das Team mit der Vorgehensweise seiner Führung nicht einverstanden, kann die Geschäftsführung mithilfe von Gesprächen eruieren, welche Themen das Team mit der Führung hat, und diese klären.
- Die Geschäftsführung lernt, mit Zielen zu arbeiten, die sie der Leitung vorgibt. Das kann auch für das Team interessant sein.

Achtung! Ziele dürfen nie auf Kosten der Mitarbeitenden vorgegeben werden. Damit Ziele erreicht werden braucht es immer eine Win-Win-Situation mit den Mitarbeitenden!

- Werden Ziele erreicht, dann kann die Geschäftsführung an das Team Anerkennung aussprechen. Auch die Leitung kann Anerkennung an das Team aussprechen.
- Gibt es im Team menschliche Unstimmigkeiten, kann die Geschäftsführung die Maßnahme eines Teambuildings setzen. Dabei ist kein Teambuilding mit dem Ziel gemeinsam ein Floß zu bauen gemeint. Bei Unstimmigkeiten im Team ist ein Teambuilding mit dem Ziel einer zukünftig guten Zusammenarbeit sinnvoll, geleitet von mediativ und kommunikativ geschulten Spezialisten.

Folgende Verhaltensweisen können die Leitung demotivieren:

- Druck von der Geschäftsführung,
- Ein Team, das nicht tut, was die Leitung sagt,

- Ein Team, dass nicht zusammenarbeiten will,
- Leitungen mit denen die Zusammenarbeit schwierig ist,
- Selbstzweifel, weil Ziele nicht erreicht werden,
- Angst vor Arbeitsverlust.

Folgende Lösungsstrategien könnte die Geschäftsführung anwenden:

- Als Geschäftsführung können Sie mit der Leitung gemeinsam ein Ziel erarbeiten, dann empfindet die Leitung keinen Druck. Bleiben Sie mit der Leitung in laufendem Kontakt bezüglich der Zielerreichung und unterstützen Sie sie bei der Lösungsfindung für die Zielerreichung.
- Fragen Sie als Geschäftsführung bei der Leitung nach, wie kooperativ sich das Team in Bezug auf die Durchführung neuer Lösungen verhält. Falls die Leitung sich über mangelnde Kooperation des Teams beschwert, dann braucht die Leitung Entwicklung als Führungskraft.
- Wollen Sie als Geschäftsführung wissen, ob das Team gut zusammenarbeitet, dann können Sie die Leitung auch das fragen. Äußert die Leitung Bedenken in der Zusammenarbeit, dann hat die Leitung als Führungskraft das Lernfeld „die Zusammenarbeit im Team fördern“.
- Aus dem Organigramm (Abb. 1.1) sind die Leitungen klar ersichtlich. Es kann sein, dass Sie als Geschäftsführung bei Besprechungen bemerken, dass die Leitungen nicht miteinander arbeiten wollen. Da haben Sie als Geschäftsführung die Aufgabe, aus den Leitungen ein Team zu bilden.
- Können Sie als Geschäftsführung partout kein Ziel mit einer Leitung vereinbaren, weil die Leitung jedes Ziel ablehnt, kann es daran liegen, dass die Leitung Selbstzweifel hat und keinen Lösungsansatz findet. Ist Ihnen diese Leitung wichtig, weil sie kompetent ist und Sie sie schätzen, kann Führungskräfte-Entwicklung mit Selbstreflexion helfen.
- Als Geschäftsführung können Sie mit Ihrem Verhalten die Angst vor Arbeitsverlust bei Leitungen verändern. Wenn Sie als Geschäftsfüh-

rung der Leitung laufend Feedback geben und klar die Lernfelder der Leitung zeigen und Lösungen dafür anbieten, dann liegt es in der Hand der Leitung, sich zu entwickeln.

Folgende Verhaltensweisen können die Stabstelle demotivieren:

- Respektlose Leitungen
- Unklare Arbeitsaufträge der Geschäftsführung oder Leitung
- Fehlen notwendiger Angaben zur Erfüllung der Aufgabe

Folgende Lösungsstrategien könnte die Geschäftsführung anwenden:

- Stabsstellen werden von den Leitungen mitunter nicht ernst genommen. Das verärgert die Stabstellen. Wenn Sie das als Geschäftsführung entweder durch Aussagen der Stabsstellen oder bei Besprechungen wahrnehmen, dann unterstützen Sie als Führungskraft die Leitungen und Stabsstellen dabei, miteinander zu arbeiten sowie einander respektvoll zu begegnen.
- Damit die Stabsstellen ihre Aufgaben erfüllen können, brauchen sie Ziele und klare Arbeitsaufträge von der Geschäftsführung oder den Leitungen. Sichern Sie als Geschäftsführung mit Ihrem Verhalten die Klarheit von Vorgaben. Seien Sie damit ein Vorbild, damit die Leitungen auch bemüht sind, klare Ziele und Arbeitsaufträge zur Erfüllung der Aufgabe der Stabsstelle sicherzustellen.
- Sind Ihnen als Geschäftsführung die Fragen der Stabsstellen manchmal lästig? Wenn ja, dann fühlen Sie sich in die Leitungen ein, die die Fragen der Stabsstellen auch manchmal überfordert. Gleichzeitig brauchen die Stabsstellen immer Informationen, um ihre Arbeit zu machen. Deshalb halten Sie sich selbst und die Leitungen dazu an, die Stabsstellen bei der Ausübung ihrer Tätigkeit voll zu unterstützen und ihre Anliegen ernst zu nehmen.

Folgende Verhaltensweisen können den einzelnen Mitarbeitenden demotivieren:

- Wenn die Vergabe von Arbeitsaufträgen von jedermann im Unternehmen erteilt werden kann, ohne dass die Struktur eingehalten wird.
- Wenn unklar ist, welche Aufgaben der einzelne Mitarbeitende hat.
- Wenn einzelne vorgegebene Prozesse im Team oder mit Teammitgliedern aus anderen Teams nicht eingehalten werden,
- Wenn die Leitung nicht für den Schutz des einzelnen Mitarbeitenden sorgt,
- Wenn die Leitung Druck auf den Mitarbeitenden in Form von Kündigungsandrohung ausspricht.

Folgende Lösungsstrategien könnte die Geschäftsführung anwenden:

- Die Geschäftsführung kann mit der Offenlegung des Organigramms für Mitarbeitende klar machen, wie die Struktur im Autohaus aussieht. Möchte die Geschäftsführung, dass ein einzelner Mitarbeitender eine Aufgabe erfüllt, dann geht die Geschäftsführung nicht direkt zum Mitarbeitenden, sondern beauftragt die Leitung, die Aufgabe an den Mitarbeitenden zu delegieren.
- Die Geschäftsführung kann mit einer klaren Aufgabenliste im Dienstvertrag dafür sorgen, dass jeder einzelne Mitarbeitende seine Aufgaben kennt. Die Aufgabenliste im Dienstvertrag bekommt die Geschäftsführung von der Leitung.
- Die Geschäftsführung vereinbart mit den Leitungen die Prozesse im Autohaus. Wird ein Prozess nicht eingehalten, vereinbart die Geschäftsführung, dass der Mitarbeitende zu seiner Leitung geht, und diese klärt die Nichteinhaltung mit der Leitung aus dem jeweiligen Team.
- Die Geschäftsführung schult die Leitungen darin, was Schutz einzelner Mitarbeitender bedeutet und dass dieser Schutz dazu dient, einzelne Mitarbeitende ins Team zu integrieren und ein stabiles Team zu sichern.

Für ein motiviertes Team zu sorgen ist eine echte Herausforderung für die Geschäftsführung und die Leitungen. Es kann sein, dass sich die Geschäftsführung mit dem Thema Motivation in der Führung noch nicht bewusst beschäftigt hat. Gleichzeitig bringt mehr Motiviertheit unglaublich viel, wenn es darum geht, mehr Ertrag im Autohaus zu erwirtschaften. Arbeitet die Geschäftsführung mit den o. a. Lösungsvorschlägen und ist damit erfolgreich, dann ist das ein großer Schritt in Richtung mehr Ertrag im Autohaus. Spürt die Geschäftsführung, dass sie bei der Motivation ein Lernfeld hat, dann hilft ihr Führungskräfteentwicklung im Bereich Motivation. Spürt die Geschäftsführung, dass die Leitungen Bedarf an Führungskräfteentwicklung im Bereich Motivation haben, kann sie sie Kurse zum Thema „Wie motiviere ich Mitarbeitende " besuchen lassen.

- Die Geschäftsführung schult die Leitungen darin, wie sie vorgehen, damit die Mitarbeitenden aus eigenem Willen die Aufgaben erfüllen. Dann gehören aus Hilflosigkeit ausgesprochene Drohungen, um Ziele zu erreichen, der Vergangenheit an.

Wie erkennt die Geschäftsführung, ob das Team im Autohaus motiviert ist?

- Beim Durchgehen durch den Betrieb sind die Mitarbeitenden beschäftigt.
- Die Mitarbeitenden sind beschäftigt und trotzdem gut gelaunt.
- Es rennt der „Schmäh"[2] und es ist eine positive Stimmung im Team.
- Die Kunden bedanken sich für die gute Betreuung.
- Das Team ist stabil.
- Das Team ist gesund.
- Das Team unterstützt sich gegenseitig.

---

[2] „Es rennt der Schmäh" ist österreichische Umgangssprache und meint, dass alle gut gelaunt sind und miteinander lachen und scherzen.

Kompetenz

So wichtig Motiviertheit im Autohaus ist, so wichtig ist auch Kompetenz. Die Geschäftsführung investiert in die Mitarbeitenden und erhält dadurch die Möglichkeit, mehr Ertrag im Autohaus zu erzielen. Die Kompetenz im Autohaus entsteht durch Lernen, Erfahrung sowie Schulung.

Hat die Geschäftsführung die Vorarbeiten für mehr Ertrag bis hierher erarbeitet und transparent gemacht, so sind im Unternehmen bereits mehr Klarheit für Struktur, Funktion und Aufgaben im Team entstanden. Auch hat die Geschäftsführung für sich selbst viel gelernt.

Wie erkennt die Geschäftsführung, dass im Unternehmen ein Mangel an Kompetenz besteht?

* Durch Kundenbeschwerden,
* Durch schlechte Bewertungen im Internet,
* Wenn Arbeiten länger dauern als vom Hersteller vorgegeben.

In Bezug auf Kompetenz könnte die Geschäftsführung so denken:

* Habe ich mich mit der Kompetenz meiner Mitarbeitenden schon einmal konkret auseinandergesetzt?
* Was das wieder kostet!
* Wenn sie auf Schulung sind, fehlen sie mir im Betrieb.
* Bei einer Kundenbeschwerde bin ich jedes Mal geschockt. Ich verdränge das und hoffe, dass es nicht mehr vorkommt.
* Wenn sich die Kunden beschweren, bin ich verärgert. Ich gehe zum Mitarbeitenden und lass ihn meinen Ärger spüren. Dann ist der auch verärgert. Die Folge ist dann: Der Mitarbeitende geht in den Krankenstand oder kündigt. Deshalb sage ich lieber nichts.

Sollten Geschäftsführungen sich mit derlei Gedanken quälen, dann kann ich Sie beruhigen. Jeder Geschäftsführung geht es so. Das ist normal.

Sind Sie eine Geschäftsführung, die reflektiert an die Sache herangehen möchte, dann lernen Sie, in einer Reklamation ein Feedback von Kunden zu sehen. Das Feedback brauchen Sie für mehr Ertrag im Autohaus. Lernen Sie die Kundenreklamation sachlich zu sehen und das

Bedürfnis des Kunden dahinter zu verstehen. Der Kunde möchte die Sicherheit haben, dass die erteilten Aufträge kompetent, zeitgerecht und zum vereinbarten Preis erfüllt werden. Erfolgt das nicht, dann reklamiert er.

Das können Sie konkret für die Kompetenz im Autohaus tun:

- Fragen Sie die Leitungen, ob sie ein Lernfeld in ihrer Funktion haben. Fragen Sie, was die Leitung braucht, um das Lernfeld zu schließen. Sind Sie als Geschäftsführung mit der Lösung einverstanden, ermöglichen Sie diese. Veranlassen Sie, dass diese Vorgehensweise auch die Leitungen mit ihren jeweiligen Mitarbeitenden und deren Lernfeldern machen.
- Gesteigerte Kompetenz motiviert Mitarbeitende und steigert dadurch den Ertrag. Es muss nicht immer viel kosten. Die Kompetenz kann auch unternehmensintern gesteigert werden. Und nicht alle Mitarbeitende fahren gerne auf Schulung. Diejenigen, die gerne auf Schulungen fahren, sollen fahren. Wichtig ist nach der Schulung, dass die Mitarbeitenden die gewonnenen Erkenntnisse an die Kollegen weitergeben! Dafür kann von den Leitungen eine kleine Informationsrunde geschaffen werden. Das motiviert den Mitarbeitenden, der von der Schulung berichtet, und informiert die Mitarbeitenden, die nicht bei der Schulung waren.
- Im Autohaus und speziell im Werkstattgeschäft gibt es Monate, in denen weniger los ist. Von Januar bis März gibt es erfahrungsgemäß weniger Arbeit. Es könnten Schulungen und Trainings in dieser Zeit eingeplant werden.
- Schulen Sie Ihre Mitarbeitenden, dann haben Sie als Geschäftsführung alles getan, um für Kompetenz zu sorgen. Dann haben Sie auch kein schlechtes Gewissen mehr, wenn eine Kundenbeschwerde hereinkommt, sondern Sie fragen zukünftig: Wer braucht welche Schulung, damit das nicht mehr vorkommt?
- Nachdem Sie sich mit der Kompetenz im Autohaus konkret beschäftigt haben, ist es von Vorteil, wenn Sie lernen, bei einer Reklamation sachlich zu bleiben. Fragen Sie beim Kunden genau nach, was für ihn konkret nicht gepasst hat. Nachdem Sie das in Erfahrung gebracht

haben, können Sie die Reklamation sachlich weitergeben und die Leitung um konkrete Maßnahmen bitten, damit so ein Fall nicht mehr eintritt.

So können Sie sich für ein motiviertes und kompetentes Team Unterstützung von außen holen. Für die o. a. Lösungen gibt es die Möglichkeit, dass sich auch Geschäftsführungen Unterstützung holen, in Form von individuellem Führungskräftetraining, Teambuilding, Supervision oder Coaching. Es wird allerdings empfohlen, dies in enger Zusammenarbeit mit der Geschäftsführung durchzuführen, damit tatsächlich die für das Unternehmen notwendigen Ziele geschult werden.

Was Sie in diesem Kapitel erreicht haben:
- Sie kennen die Unternehmenszahlen Ihres Autohauses und wissen, wo und wie Sie die Zahlen erhalten.
- Sie erstellten ein Organigramm für Ihr Autohaus und haben allen Mitarbeitenden eine Funktion zugeordnet.
- Sie können ein Ziel vorgeben und durch Beobachtung bewusst an der Zielerreichung arbeiten.
- Sie sind bereit, für mehr Ertrag im Autohaus Vorarbeiten zu leisten.
- Sie verstehen Ihre Führungskräfte und Ihr Team besser und sind motiviert, noch mehr für die Kompetenz der Mitarbeitenden im Autohaus zu tun.

2

Unternehmenszahlen aus der Technik

Was Sie aus diesem Kapitel mitnehmen:

- Die Geschäftsführung bzw. die Leitungen Werkstatt sowie Spenglerei erfahren, wie sie der Zahlenwelt für Auslastung und Verrechnungsgrad entnehmen, wo eine Ertragssteigerung möglich ist.
- Dabei erkennen sie, dass es die korrekte Anwesenheit aller TechnikerInnen als Basis braucht, um die Werkstatt-Auslastung zu erhöhen und
- dass eine Ertragssteigerung nur zusammen mit dem ganzen Team möglich ist.

Die Unternehmenszahlen aus der Technik sind die Zahlen, die am meisten zum ertragreichen Autohaus beitragen. Optimalerweise beschäftigt sich die Leitung Werkstatt mit diesem Kapitel. Die Darstellung gilt in vielen Bereichen auch für die Leitung Spenglerei.

Die Basis setzt sich zusammen aus der *Anwesenheit* der TechnikerInnen und der *Verrechnung*. Die Anwesenheit wird auf die Auslastung, Regie und Sonstiges aufgeteilt. Die Verrechnung wird auf den Verrechnungsgrad, die interne Verrechnung sowie die Garantieverrechnung aufgeteilt.

© Der/die Autor(en), exklusiv lizenziert an Springer Fachmedien Wiesbaden GmbH, ein Teil von Springer Nature 2026
H. Strauß, *Quick Guide: Mehr Ertrag für Ihr Autohaus*, Quick Guide, https://doi.org/10.1007/978-3-658-49889-4_2

In diesem Kapitel wird auf die

- Werkstatt-Auslastung in % und den
- Verrechnungsgrad in %

eingegangen.

Die Werkstatt-Auslastung beschreibt den Anteil der Stunden, die die Technik auf Aufträgen stempelt. Der Verrechnungsgrad ergibt sich durch die Schnelligkeit der durchgeführten Arbeiten in Bezug auf Hersteller-vorgaben auf Kundenaufträgen. Sich mit diesen Werten zu beschäftigen, bringt raschen Erfolg und motiviert die Geschäftsführung eines Auto-hauses, die Zahlen allgemein ernst zu nehmen und im Überblick zu haben.

Ich will was tun

Unter dem Motto „Ich will was tun" stellt Ihnen dieses Kapitel sieben An-leitungen zur Verfügung, die Ihnen als Geschäftsleitung helfen, die Ertrags-steigerung in Ihrem Autohaus nachhaltig zu implementieren:

- Mit der Bearbeitung der Anleitung 8 (Abschn. 2.1.1.1) entwickeln Sie sich als Leitung Werkstatt weiter.
- Mit der Bearbeitung der Anleitung 9 (Abschn. 2.1.1.2) zeigen Sie als Leitung Werkstatt dem Team Werkstatt die Struktur im Team.
- Mit der Bearbeitung der Anleitung 10 (Abschn. 2.1.1.3) sichern Sie als Leitung Werkstatt die Basisarbeiten für die Steigerung der Werkstatt-Auslastung.
- Mit der Bearbeitung der Anleitungen 11 (Abschn. 2.1.1.4), 12 (Abschn. 2.1.1.5) und 14 (Abschn. 2.2.1) analysiert die Leitung Werkstatt die Auslastung und erkennt durch Selbstreflexion Hemmnisse für die Steigerung der Auslastung. Mit der Analyse und Selbstreflexion er-weitern Sie die Lösungsansätze für Mehr Auslastung.
- Mit der Bearbeitung der Anleitung 13 (Abschn. 2.1.1.6) stellen die Geschäftsführung und die Leitung Werkstatt Fachkräfte-Reichtum sicher.
- Mit der Bearbeitung der Anleitung 14 (Abschn. 2.2.1) klären Sie die Vorgehensweise bei der Steigerung der Verrechnungsgrade.

2.1 Werkstatt-Auslastung in %

Die Werkstatt-Auslastung ist Teil der Anwesenheit der TechnikerInnen. Die Anwesenheit teilt sich bei den üblichen EDV-Programmen auf in

- *Auslastung* (Zeitstempelung auf Kundenaufträgen)
- Regie (Zeitstempelung für Arbeiten in der Werkstatt z. B. ordnen der Spezialwerkzeuge)
- Sonstiges (wahlweise, betriebsüblich).

Konkret ist die Werkstatt-Auslastung die Zeit, die TechnikerInnen auf Aufträgen während der Anwesenheit stempeln.

Die Werkstatt-Auslastung wird für das gesamte TechnikerInnen-Team sowie für einzelne TechnikerInnen ausgewertet. Die Werte werden in % angegeben. Der Maximalwert liegt bei 100 % Auslastung.

> Die Werkstatt-Auslastung gehört zu den wichtigsten Zahlen im Autohaus.

Zur Veranschaulichung zeigt das folgende Beispiel, welchen Unterschied eine 10 %ige Auslastungserhöhung im Jahresergebnis je Techniker macht:

Beispiel

Mit Stand 2024 wird ein durchschnittlicher Stundensatz in Autohäusern von € 130,— exkl. MwSt. verrechnet. Ein Techniker arbeitet ca. 200 Tage jährlich (dabei sind Urlaub, Erkrankung, Sonstiges berücksichtigt). Die wöchentliche Arbeitszeit beträgt 38,5 h, d. s. 7,7 h täglich.
- 200 Tage × 7,7 h × 130 € = ca. 200.000 ist der Maximalwert.
- 80 % Auslastung: 160.000
- 90 % Auslastung: 180.000
- 100 % Auslastung: 200.000

Eine 10 %ige Steigerung der Auslastung je Techniker ergibt jährlich eine Ertragssteigerung von ca. Euro 20.000!!!
Bei einem Autohaus mit 8 Technikern ergibt das eine Ertragssteigerung von je 10 %, also insgesamt 160.000 €.

2.1.1 Die Funktion und Aufgaben der Leitung Werkstatt

Die Funktion Leitung Werkstatt ist im Organigramm ersichtlich. Die Leitung Werkstatt wird selbst von der Geschäftsführung geführt. Die Leitung Werkstatt ist Führungskraft und führt das Team. Für die Leitung Werkstatt gelten weithin dieselben menschlichen Verhaltensweisen, wie sie für die Geschäftsführung geschildert wurden.

Die *Aufgaben* der Funktion Leitung Werkstatt sind:

- Führung des Teams
- Strukturaufbau des Teams
- Einteilung der Technikerinnen
- TechnikerInnen-Entwicklung
- Fachkräfte-Entwicklung – Lehre

Führung des Teams:
Es gibt keine Berufsausbildung für die Leitung Werkstatt. Meistens entwickelt sich aus dem TechnikerInnen-Team ein Mitarbeitender in die Richtung Leitung Werkstatt. Damit ist die Technik-Kompetenz für diese Position gesichert. Mit der Übernahme der Werkstattleitung ist diesen Mitarbeitenden oft nicht bewusst, dass sie in dieser Funktion eine Führungskraft sind. Hat die Leitung Werkstatt das Talent, ein Team zu führen, dann passt alles. Ist das Talent nicht so ausgeprägt, dann kann es zu Unruhe im Team kommen. Es hilft, die Leitung Werkstatt als Führungskraft zu entwickeln. Diese Entwicklung dauert und wird bestenfalls laufend durchgeführt. Führungskräfteentwicklung zahlt sich aus, weil sie die Zusammenarbeit des Teams mit der Leitung Werkstatt verbessert.

Es gibt Kurse für die Entwicklung von Führungskräften. Die folgenden Kursthemen fördern die Leitung Werkstatt:

- Positive Handlungssprache lässt Ihr Team aufhorchen
- Selbstreflektierte Führungskraft – Starke Führung
- Kommunikation auf Augenhöhe fördert die Zusammenarbeit

- Zeitmanagement und Struktur gibt Kraft in der Führung
- Mit Konfliktmanagement bringen Sie Ruhe ins Team
- Das Team wächst durch sicheres Feedback in der Führung
- Echte Anerkennung motiviert Ihr Team
- Durch Vertrauen stärken Sie Ihr Team und delegieren sicher
- Sie treffen bewusst Entscheidungen und sagen respektvoll nein
- Mit klaren Prozessen erreichen Sie mit Ihrem Team Ziele
- Mitarbeitende hören ist die Chance für gemeinsamen Erfolg
- Mit starker Gesprächsführung macht Führung eines Teams Spaß

2.1.1.1 Anleitung 8 – Ich will was tun – Team-Führung

Die Führung eines Teams ist eine Herausforderung. Jedes Teammitglied möchte in seiner Individualität gesehen werden. Damit Führung leicht fällt, braucht es die Beschäftigung mit diesem Thema. Ist die Bereitschaft dafür da, macht es den Führungsalltag einfacher. Die in Tab. 2.1 aufgeführten Fragen können Sie sich als Leitung Werkstatt stellen. (Prinzipiell gelten diese Fragen für alle Menschen, die in der Führung arbeiten.) Vielleicht sind Sie in der Beantwortung solcher Fragen ungeübt. Daher dienen die Lösungsansätze als Ideengeber (Tab. 2.1).

Eine Besonderheit der Leitung Werkstatt ist die Führung in der sogenannten „Sandwich-Position" (Abb. 2.1). Das bedeutet, dass die Leitung Werkstatt von der Geschäftsführung geführt wird, während die Leitung Werkstatt das Team Werkstatt führt und die Geschäftsführung nicht selbst das Team Werkstatt führt. (Abb. 2.2).

Bei der Führung in einer Sandwichposition braucht es Klarheit darüber, welche Aufgaben die Geschäftsführung an das Team delegiert und welche Aufgaben die Leitung Werkstatt an das Team delegiert.

Auch braucht es Klarheit, bei welchen Anliegen das Team zur Leitung Werkstatt geht und bei welchem Anliegen das Team zur Geschäftsführung geht.

Ist das nicht klar, können Missverständnisse entstehen. Es könnte sein, dass sich die Leitung Werkstatt übergangen fühlt, wenn die Geschäftsführung ein Anliegen direkt an das Team delegiert, da das eigentlich die Aufgabe der Leitung Werkstatt ist. Beispielsweise gibt die

Tab. 2.1 Führungsfragen

Fragen, die sich die Leitung Werkstatt stellen kann:	Antworten und Selbstreflexion der Leitung Werkstatt:	Lösungsansätze für die Leitung Werkstatt:
Wie gefällt mir meine Funktion?	Gut. Aber mir gefällt nicht alles	Ich schaue im Internet nach, was es zu meinem Thema gibt.
Möchte ich mich mit dem Thema Führung auseinandersetzen?	Ja	Internet hilft, löst aber nicht das Problem. – Ich lese Fachbücher zum Thema Führung.
Was habe ich mir als Mitarbeitender von einer Führungskraft erwartet?	Antworten auf Fragen – Entscheidungen treffen -Freundlichkeit – Kompetenz -faire Behandlung	Wenn ich mir das von meiner Führungskraft erwartet habe, bin ich sicher, dass ich das als Führungskraft erfülle?
Wie schätze ich mich selbst als Führungskraft ein?	Ich kenne mich aus. – Ich schaue auf alle.- Manche Techniker nerven mich.	Darüber habe ich noch nie nachgedacht. Ist interessant. – Das kann ich selbst nicht lösen – ich will mit jemanden drüber reden. – Hilft meine Führungskraft oder möchte ich Coaching?
Was hemmt mich, die Mitarbeitenden zu fragen, was sie sich von einer Leitung Werkstatt wünschen?	Dass sich die Mitarbeitenden etwas wünschen, was ich nicht erfüllen kann und/oder dass sie sich über mich beschweren.	Schulungen für Führungskraft: wertschätzend Nein sagen und mit Kritik aus dem Team umgehen lernen.
Was nervt mich an der Führung des Teams?	Wenn sie die Arbeit schlecht machen, nicht machen und/oder sich beschweren	Schulungen für Führungskraft: Kompetenz der Mitarbeitenden steigern lernen – Mitarbeitende motivieren – Unzufriedenheit der Mitarbeitenden in Zufriedenheit verwandeln lernen
Möchte ich mich als Führungskraft entwickeln?	Jein, ich bin mir unsicher, weil ich nicht weiß, was ich tun soll oder kann.	Genauere Informationen über Schulungen für Führungskräfte einholen

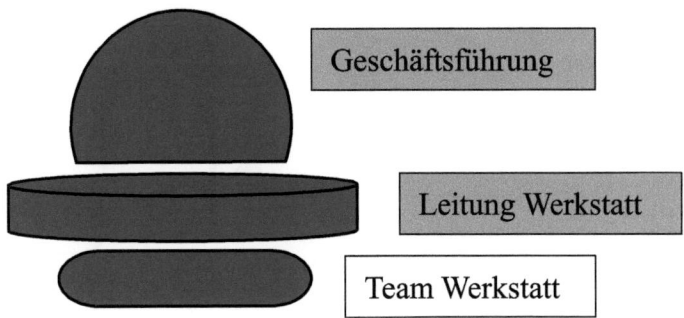

Abb. 2.1 „Sandwich-Position"

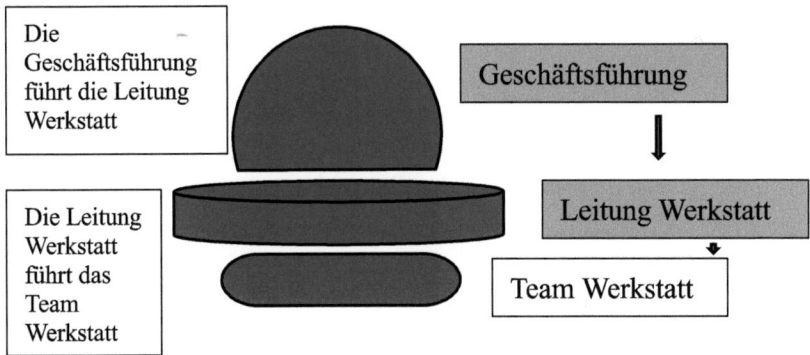

Abb. 2.2 „Sandwich-Position" – Wer führt wen?

Geschäftsführung den Lehrlingen die Aufgabe, die Werkstatt sauber zu halten. Es ist klar die Aufgabe der Leitung Werkstatt, die Sauberkeit der Werkstatt an die Lehrlinge zu delegieren.

Dies gilt auch im umgekehrten Fall: Ein Techniker beschwert sich direkt bei der Geschäftsführung über die Zusammenarbeit mit dem Lehrling, obwohl es klar die Aufgabe der Leitung Werkstatt ist, für eine gute Zusammenarbeit im Team zu sorgen. Hier braucht es klare Prozesse (Abb. 2.3).

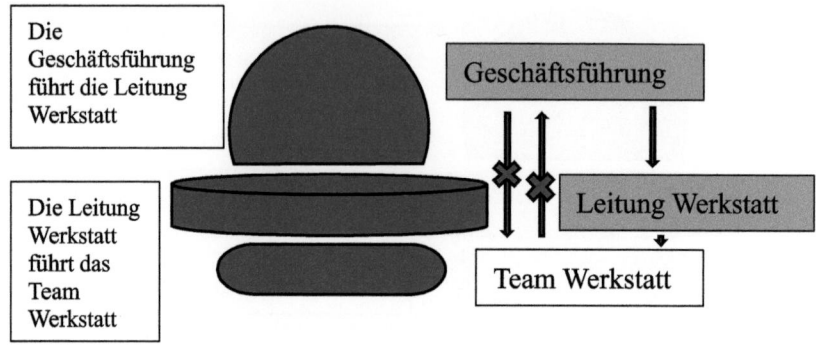

Abb. 2.3 „Sandwich-Position" – Wer delegiert an wen?

Wichtig: Die Sandwich-Position in der Führung kann schwierig sein. Es ist ratsam, sich als Geschäftsführung und als Leitung Werkstatt über diese Besonderheit in der Führung klar zu werden. Die Geschäftsführung lernt, dass sie sorgsam mit den Aussagen an die Führungskraft ist. Die Leitung Werkstatt lernt, dass sie bei Aussagen der Geschäftsführung Klarheit braucht. Hier ein Best-Practice-Beispiel aus der Praxis:

Nachfragen bringt Klarheit

Die Geschäftsführung sagt: „Die Werkstatt ist nicht ausgelastet, ich will das ändern." Die Leitung Werkstatt geht nicht unreflektiert zum Team und sagt: „Ihr seid nicht ausgelastet. Ab jetzt wird mehr eingeteilt.", sondern die Leitung Werkstatt fragt bei der Geschäftsführung nach: ‚Was meinen Sie genau mit ‚Wir sind nicht ausgelastet?' Können wir genau besprechen, welche Ziele Sie sich wünschen?`

Strukturaufbau des Teams:

Die Aufgabe der Leitung Werkstatt ist es, dem Team Klarheit in der Struktur zu geben. Die Basis dafür ist das Organigramm, welches die Geschäftsführung zur Verfügung stellt. Im Abschn. 1.3.3 ist die Vorlage für das Organigramm angeführt.

Die Leitung Werkstatt geht wie folgt vor: Zuerst bittet sie die Geschäftsführung um das aktuelle Organigramm des Autohauses. Dort sind alle Funktionen mit Namen eingetragen. Es zeigt, wer in welchem Team arbeitet und wer eventuell eine Doppelfunktion innehat. Es zeigt, welche Mitarbeitenden ein Team repräsentieren und welche Mitarbeitenden aktuell im Team sind. Es zeigt, wer Führungskraft im Unternehmen ist.

Jetzt kann sich die Leitung Werkstatt mit dem Organigramm des eigenen Teams auseinandersetzen. Welche Fragen kann sich die Leitung Werkstatt in Bezug auf die Teamstruktur stellen?

2.1.1.2 Anleitung 9 – Ich will was tun – Struktur im Team

Ist die Anleitung 9 – Struktur im Team (Tab. 2.2) bearbeitet, kann die Leitung Werkstatt das Ergebnis in das Organigramm des Teams Werkstatt einarbeiten. Die TechnikerInnen werden nach Kompetenz oder Marke eingeteilt, die Lehrlinge der Marke oder dem Techniker zugeordnet. Hat es im Team noch keine Einteilung in dieser Form gegeben, sollte die Leitung Werkstatt dem Team den Sinn dieser Einteilung erklären (Tab. 2.2).

Einteilung der TechnikerInnen
Die Leitung Werkstatt teilt die TechnikerInnen ein. Dabei ist es die Aufgabe der Leitung Werkstatt, für eine harmonische Einteilung der Arbeiten für die TechnikerInnen zu sorgen. Es kann sein, dass die Leitung Werkstatt sich noch nicht konkret mit dem Thema Auslastung beschäftigt hat und die Einteilung der Techniker nach Gefühl vornimmt. Ist jeder Techniker beschäftigt, passt das zwar, doch leider entsteht mit dieser Vorgehensweise keine bewusste Auslastung der Werkstatt.

Für eine neue Herangehensweise ans Thema Auslastung braucht es die Bereitschaft der Leitung Werkstatt, sich mit diesem Thema konkret auseinanderzusetzen. Ist die Leitung Werkstatt dazu bereit, setzt sie als ersten Schritt die Maßnahme, dass alle TechnikerInnen *Kommen* und *Gehen* richtig stempeln und dass alle TechnikerInnen Arbeitsbeginn und Arbeitsende auf Aufträgen richtig stempeln (davon ausgehend, dass das Autohaus ein EDV-unterstütztes Programm für die Anwesenheit und Auslastung hat). Zur Veranschaulichung siehe die Muster-Tab. 2.3.

Tab. 2.2 Fragen zur Teamstruktur

Fragen zur Struktur	
Sind alle Mitarbeitenden im Team darüber informiert, dass die Leitung Werkstatt eine Führungskraft ist?	Informieren Sie die Mitarbeitenden in Ihrem Team, welche Aufgaben Sie konkret als Führungskraft des Teams haben und mit welchen Anliegen die Mitarbeitenden auf Sie zukommen sollen: z. B.: Urlaubsplanung – Fehlzeiten – Probleme im Team – Probleme in der Kompetenz
Zeigt das Organigramm, welchen Kompetenz-Grad die TechnikerInnen und Lehrlinge haben?	Die Techniker entwickeln sich. Vom Techniker ohne § 57 a Berechtigung, zum Techniker mit der § 57 a Berechtigung, Techniker mit Hochvolt-Qualifizierung hin zum Diagnosetechniker und Vertretung Leitung Werkstatt. Die Lehrlinge in der Technik sind im 1., 2. 3. oder 4. Lehrjahr.
Sind die TechnikerInnen innerhalb des Teams noch in Klein-Gruppen eingeteilt?	Betreut ein Autohaus mehrere Marken, dann ist es ratsam im Techniker-Team zusätzliche Gruppen zu installieren. Eine Gruppe besteht dann beispielsweise je Marke aus einem Diagnosetechniker, einem Techniker mit der § 57 a Berechtigung und der Hochvolt-Qualifizierung, einem Techniker ohne § 57 a Berechtigung und 2 Lehrlingen
Haben die Lehrlinge Klarheit darüber, welcher Techniker sie ausbildet?	Für Lehrlinge ist es wichtig zu wissen, welchem Techniker sie für wie lange zugeteilt sind.
Gibt es einen Platz in der Werkstatt, wo das Organigramm ausgehängt?	Ist das Organigramm der Technik sichtbar, dann gibt es allen Menschen, die in die Werkstatt kommen, darüber Klarheit, wer welche Funktion innehat. – Den Mitarbeitenden im Team gibt das sichtbare Organigramm das Gefühl von Zugehörigkeit und Teamgeist.

Die Anwesenheit kann täglich, wöchentlich, monatlich, quartalsweise, halbjährlich und jährlich abgerufen werden. Im Beispiel Tab. 2.3 ist die Anwesenheit monatlich angeführt.

In Spalte 1 ist die tatsächliche Anwesenheit aller TechnikerInnen der Werkstatt dokumentiert. Das heißt, es gibt im Unternehmen ein Stempelsystem, das stundenmäßig die tatsächliche Anwesenheit der TechnikerInnen zählt. Alle Mitarbeitenden in der Technik stempeln den Tagesarbeitsbeginn und das Tagesarbeitsende, kurz: Kommen und Gehen.

Tab. 2.3 Muster-Tabelle korrekte Arbeitszeiterfassung

Spalte 1	Spalte 2	Spalte 3	Spalte 4	Spalte 5
Anwesenheit in Stunden	Name der TechnikerInnen	Auslastung %	Regie in %	Sonstiges in %
167	Max Muster	80 %	15 %	5 %
128,5	Leo Meier	82 %	10 %	8 %
167	Rex Huber	79 %	8 %	13 %
90	Otto Müller	85 %	15 %	0 %
157	Mia Rosner	89 %	8 %	3 %
0	Lore Kreiner	0 %	0 %	0 %

Die Anwesenheit wird von folgenden Faktoren beeinflusst:

- Urlaub (Pflegeurlaub)
- Krankenstand
- Sonstige Fehlzeiten (Kurs, Behördenwege, Arztbesuche etc.)

Die Ausgangsbasis der Anwesenheit ist die kollektivvertraglich vor-gegebene Monatsarbeitszeit in Stunden. Diese ist im Kollektivvertrag der Fahrzeugtechnik vereinbart. Derzeit sind das 167 h im Monat (38,5 h in der Woche). Im Beispiel Tab. 2.3 heißt das, dass Hr. Muster und Hr. Huber in diesem Monat immer anwesend waren.

Hr. Meier war 128,5 h anwesend. Das heißt, er war 1 Woche in Urlaub. Hr. Müller, der 90 h anwesend war, war 2 Wochen in Urlaub.

Fr. Rosner war 157 h anwesend: 10 h Fehlzeit. Es könnte sein, dass Fr. Rosner in einem Monat auf Kurs war und vielleicht einen Behörden-weg hatte.

Bei Fr. Kreiner sind 0 h hinterlegt. Es kann davon ausgegangen wer-den, dass sie den ganzen Monat erkrankt war.

Es ist die Aufgabe der Leitung Werkstatt, die Klarheit der Anwesenheit der Mitarbeitenden der Werkstatt zu schulen. Kommen und Gehen sind die Basis für die verlässlichen Zahlen der Anwesenheit. Folgende Vorar-beit, Schulung der Mitarbeitenden und Beobachtung braucht es bei Kommen und Gehen.

2.1.1.3   Anleitung 10 – Ich will was tun – Anwesenheit der TechnikerInnen (Tab. 2.4)

In der Spalte 2 sind alle Techniker mit vollem Namen angeführt. Dadurch werden alle Werte in der Liste für den einzelnen Techniker ausgewertet.

Die Spalte 3 zeigt die Auslastung in % aufgrund der gestempelten Zeit auf Kundenaufträgen, internen Aufträgen oder Garantieaufträgen, kurz Beginn und Ende genannt.

In Spalte 4 sind Arbeitszeiten der TechnikerInnen gestempelt, für die es keinen Auftrag gibt. Es braucht Klarheit, was die Geschäftsführung und Leitung Werkstatt genau unter Regiearbeiten versteht. Das ist im Autohaus individuell. Beispielsweise können folgende Arbeiten in Regie gestempelt werden:

- Ordnung der Spezialwerkzeuge
- Aktualisierung von EDV-Programmen
- Schulung der Lehrlinge
- Schulung für die Technik vonseiten der Hersteller etc.

In der Anleitung 9 (Abschn. 2.1.1.2) ist darauf eingegangen worden. Am meisten Klarheit gibt es, wenn Regiearbeiten im Dienstvertrag angeführt werden.

Die Rubrik Sonstiges gibt es in den meisten Programmen. Diese ist in Spalte 5 vermerkt. Ob damit gearbeitet wird, entscheidet die Geschäftsführung.

Somit sorgt die Leitung Werkstatt für die korrekte Stempelung Kommen und Gehen der TechnikerInnen.

Die weitere Aufgabe der Leitung Werkstatt ist die Auftragsstempelung. Das dient zur Sicherstellung, dass alle TechnikerInnen für die korrekte Stempelung auf Arbeitsaufträgen geschult sind. Die Leitung Werkstatt beobachtet auch die korrekte Durchführung der Auftragsstempelung (Tab. 2.5).

Für die korrekte Auslastung braucht es einen klaren Ausgangswert. Die bewusste Vorgehensweise braucht aussagekräftige Zahlen der Auslastung

Tab. 2.4 Unterweisung der Mitarbeitenden für korrekte Arbeitszeiterfassung

Erklärung des unternehmenseigenen EDV-Systems für die Erfassung der Anwesenheit	Wo steht es? Wie funktioniert es? / Wessen Aufgabe ist es, das System neuen TechnikerInnen zu erklären?	Optimalerweise sind die Erklärung sowie die zuständige Schulungsfunktion bereits im Punkt Arbeitszeit verschriftlicht.	*Die Geschäftsführung und Leitung Werkstatt können sich hier die Frage stellen: Ist das in unserem Autohaus so?*
Erklärung, was Nicht-Anwesenheits-Zeiten sind.	Was ist Nicht-Anwesenheit? Welche Arten von Nicht-Anwesenheit gibt es. / Die Auflistung von Nicht-Anwesenheits-Zeiten bestimmt die Geschäftsführung. Wie im Unternehmen mit Nicht-Anwesenheit umgegangen wird bestimmt auch die Geschäftsführung.	Optimalerweise ist die Auflistung sowie die Erklärung von Nicht-Anwesenheits-Zeiten, sowie der Umgang damit im Dienstvertrag im Punkt Arbeitszeit und/oder im Punkt Schulung verschriftlicht.	*Die Geschäftsführung und Leitung Werkstatt können sich hier die Frage stellen: Ist das in unserem Autohaus so?*
Die Beobachtung, dass die Anwesenheit und Nichtanwesenheit vereinbarungsgemäß und verlässlich von den TechnikerInnen durchgeführt wird.	Wird Kommen und Gehen vereinbarungsgemäß von den TechnikerInnen durchgeführt? / Die Leitung Werkstatt gibt die Sicherheit, dass alle TechnikerInnen die Anwesenheit verlässlich und korrekt stempeln. Die Leitung Werkstatt gibt die Sicherheit, dass alle TechnikerInnen bei Nicht-Anwesenheit wie im Dienstvertrag vereinbart vorgehen.	Der Vorteil von klar dokumentierter Anwesenheit und Nicht-Anwesenheit im Dienstvertrag ist, dass alle TechnikerInnen mit der Unterschrift im Dienstvertrag die Sicherheit geben, die Vorgehensweise verstanden zu haben und durchzuführen.	*Die Leitung Werkstatt kann sich die Frage stellen: Beobachte ich die korrekt durchgeführte Stempelung aller TechnikerInnen? Setze ich Maßnahmen, wenn die Anwesenheit von einzelnen TechnikerInnen nicht wie im Dienstvertrag vereinbart durchgeführt wird?*

Tab. 2.5 Was ist für die Auslastungserfassung notwendig?

Auftrag	Die Technik braucht für den Arbeitsbeginn immer einen Auftrag
Es gibt keinen Auftrag	Die Technik bekommt von der Leitung Werkstatt einen „Internen" Alternativauftrag. Damit wird sichergestellt, dass keine Arbeit der Techniker ungesehen ist.
Stempelung der Technik	Die Technik stempelt immer bei Beginn und Ende der Arbeit am Kundenfahrzeug. Beobachtet die Leitung Werkstatt, dass dies nicht erfolgt, werden die jeweiligen TechnikerInnen nachgeschult.

im Team und der einzelnen TechnikerInnen. Folgende Parameter braucht es für die aussagekräftige Zahl der Auslastung:

- Alle TechnikerInnen stempeln auf Aufträgen Anfang und Ende.
- Die TechnikerInnen bearbeiten Fahrzeuge ausschließlich mit Aufträgen, auf denen sie stempeln können. Aus zeitlichen Gründen kann es vorkommen, dass Fahrzeuge ohne Auftrag in der Werkstatt bearbeitet werden. Es ist die Aufgabe der Werkstattleitung, für diese Situation einen „Internen Auftrag" bereitzustellen, auf dem die TechnikerInnen stempeln. Somit wird die Arbeitszeit zumindest auf einem internen Konto berechnet und nicht als Regiezeit gewertet.
- Haben TechnikerInnen keinen Internen Auftrag oder Kundenauftrag stellt die Leitung Werkstatt sicher, dass sich die Techniker auf Regie oder Sonstiges stempeln.
- Die Leitung Werkstatt stellt sicher, dass die TechnikerInnen während der Anwesenheit durchgängig Aufgaben haben.

Hat die Leitung Werkstatt dafür gesorgt, dass die TechnikerInnen verlässlich immer Kommen und Gehen stempeln, ist die Anwesenheit korrekt erfasst. Hat die Leitung Werkstatt dafür gesorgt, dass die TechnikerInnen verlässlich auf Aufträgen Anfang und Ende stempeln, ist die Auslastung korrekt erfasst.

Jetzt kann damit begonnen, werden die Zahlen zu beobachten. Die Leitung Werkstatt beobachtet (vgl. Tab. 2.3):

* Wie hoch ist die Auslastung der Technik allgemein?
* Wie hoch ist die Auslastung jedes einzelnen Mitarbeitenden in der Technik?
* Wie viel Arbeitszeit wird allgemein auf Regie gestempelt?
* Wie viel Arbeitszeit wird bei einzelnen Mitarbeitenden auf Regie gestempelt?
* Wie viel Arbeitszeit wird auf Sonstiges gestempelt?
* Wie viel Arbeitszeit wird bei einzelnen Mitarbeitenden auf Sonstiges gestempelt?

Mit der Beobachtung der Zahlen beginnt die Leitung Werkstatt. Sie schaut sich die konkreten Zahlen an (siehe Tab. 2.3). Bei jeder Zahl stellt sich die Leitung Werkstatt Fragen wie beispielsweise:

* Ist es reell, dass die Regiezeiten stimmen?
* Kann es sein, dass Hr. Huber 13 % unter Sonstiges gestempelt hat?

Die Regiezeiten sind hoch. Außerhalb der Saison kann das sein, da jetzt die Möglichkeit besteht, die TechnikerInnen für systemerhaltende Arbeiten heranzuziehen. Die Werkstattleitung fragt bei der Belegschaft nach, ob sie bereit ist, folgende Arbeiten zu erledigen:

* Spezialwerkzeugkontrolle, -ordnung, -bestellung
* Reifendepot – Kontrolle, ob alle Reifen saisonbedingt ummontiert sind
* Reifendepot – Kontrolle, ob Kundenreifen zu erneuern sind
* Reifendepot – Sauberkeit und Ordnung herstellen
* Tester und EDV-Systeme auf den letzten Stand bringen – Updates durchführen etc.

Sollte gerade Saison sein, wäre die Regiezeit zu hoch und die Leitung kann an der Reduzierung arbeiten.

Mit der Bearbeitung der o. a. Fragen klärt die Leitung Werkstatt, ob es Unklarheiten bei der Stempelung gibt. Bei Nicht-Einhaltung der Vorgaben schult die Leitung Werkstatt nach.

Für die Erhöhung der Auslastung und somit mehr Ertrag im Autohaus stellt sich die Leitung Werkstatt folgende Fragen:

- Bin ich mit der Auslastung der Werkstatt allgemein zufrieden?
- Gibt es einzelne TechnikerInnen, deren Auslastung höher sein soll?

In den meisten Autohäusern wird die Auslastung aufgezeichnet. Nicht in allen arbeitet die Leitung mit diesen Zahlen. Auch werden die Zahlen der Auslastung nicht immer an die TechnikerInnen kommuniziert. Es kann sein, dass Werkstattleitungen mit den TechnikerInnen erstmalig über Auslastungszahlen sprechen. Das kann die TechnikerInnen motivieren, aber auch demotivieren und vielleicht unter Druck setzen. Auch kann es sein, dass TechnikerInnen, angesprochen auf die Auslastungszahlen, beginnen, nur noch auf sich selbst zu schauen. Sie wollen, damit ihr Auslastungsgrad hoch ist, nur noch ihre eigene Arbeit erledigen und sind weniger bereit, andere zu unterstützen. Das ist noch ausgeprägter, wenn Werkstätten mit einem Prämiensystem arbeiten, das TechnikerInnen eine Prämie bei höherer Auslastung zusichert. Deshalb empfiehlt es sich, zumindest anfangs mit den TechnikerInnen eher nicht über die tatsächliche Auslastung zu sprechen.

Beginnt das Unternehmen erstmals mit der Auslastung von TechnikerInnen zu arbeiten, schult sie die Mitarbeitenden zuerst auf korrekte Stempelung Kommen und Gehen und Beginn und Ende. Es reicht, wenn die Leitung Werkstatt die TechnikerInnen etwa so informiert: „Wir haben ein Arbeitszeitsystem und dafür muss das korrekte Kommen und Gehen gestempelt werden. Auch für die Kunden-, Garantie- und internen Aufträge brauchen wir das Stempeln der korrekten Arbeitszeiten."

Was braucht es für eine Auslastungssteigerung?
- Harmonische Einteilung der Werkstatt,
  - d. h.: jeder Techniker hat von Kommen bis Gehen einen Arbeitsauftrag nach dem anderen;

- Planbare Terminvergabe,
  - d. h.: die Serviceassistenz vergibt die Kundentermine auf den Tag verteilt, auch nachmittags. Notfälle leitet die Serviceassistenz sofort an die Serviceberatung weiter. Diese ist in die laufende Werkstattplanung mit der Leitung Werkstatt einbezogen.
- Sorgfältige Arbeitsdurchführung,
  - d. h.: alle im Auftrag stehenden Arbeiten werden von den Technikern durchgeführt; alle Arbeiten werden korrekt durchgeführt.
- Beobachtung der durchgeführten Arbeiten,
  - d. h.: es werden entweder von der Leitung Werkstatt oder den Technikern Probefahrten durchgeführt bzw. die durchgeführten Arbeiten überprüft.
- Förderung der Lehrlinge,
  - d. h.: Lehrlinge wählen diesen Beruf, weil sie etwas lernen wollen. Hat der Techniker Vertrauen in die Arbeit des Lehrlings, hilft die Mitarbeit von Lehrlingen, noch mehr Aufträge zu bearbeiten.

Die Leitung Werkstatt erkennt an diesen Punkten, wie wichtig die harmonische Einteilung der Aufträge an die TechnikerInnen ist! Die Leitung Werkstatt kann viel für die Erhöhung der Auslastung tun.

2.1.1.4 Anleitung 11 – Ich will was tun – Auslastungssteigerung (Tab. 2.6)

Hat die Leitung Werkstatt für die Anleitung 11 in Tab. 2.6 selbst noch keine Lösung gefunden, finden Sie nachfolgend einige Lösungsvorschläge.

- Ich bekomme nicht genügend Aufträge zu Arbeitsbeginn in die Werkstatt
  - Die Leitung Werkstatt klärt den Prozess der Terminvergabe und Einteilung mit der Leitung Kundendienst.
  - Fahrzeugabgabe der Kunden bei der Terminvergabe beachten.
  - Serviceberatung und Leitung Werkstatt besprechen den nächsten Tag
  - Kalendereinträge der Leitung Werkstatt und der Serviceberatung werden geklärt und angepasst.

Tab. 2.6 Harmonische Einteilung der Werkstatt-Aufträge

Hemmnisse, warum eine harmonische Einteilung der Aufträge nicht möglich ist.	Was kann ich als Leitung Werkstatt tun, um das Problem zu lösen?
Ich bekomme nicht genügend Aufträge zu Arbeitsbeginn in die Werkstatt.	
Die Ersatzteile wurden nicht geliefert.	
Die Ersatzteile wurden nicht bestellt.	
Die Ersatzteile sind in der falschen Qualität und Menge vorhanden.	
Notfälle werden nicht mit mir abgesprochen und trotzdem angenommen.	
Notfälle werden angenommen, obwohl die Serviceberatung bei korrekter Annahme des Fahrzeugs gesehen hätte, dass der Notfall nur ein Bedienfehler des Kunden ist.	
Ich fühle mich selbst unsicher bei der Einteilung der Werkstatt.	
Die Einteilung passt überhaupt nicht – sieht das keiner?	
Ich bin gestresst und die TechnikerInnen stehen herum, warum holen sie sich keinen Auftrag von mir?	
Ich habe kein Vertrauen in die Arbeit der TechnikerInnen.	

- *Die Ersatzteile wurden nicht geliefert.*
- Leitung Werkstatt gibt die Information an die Leitung ET-Verkauf weiter und bittet um Klärung und Information.
- *Die Ersatzteile wurden nicht bestellt.*
  - Leitung Werkstatt klärt mit Leitung ET-Verkauf den Prozess der ET-Bestellung.
  - Wer darf bestellen?
  - Wo kommen die Aufträge für die Bestellung hin?
  - Sollen die Aufträge nach Prioritäten aufgeteilt werden?

- *Die Ersatzteile sind in der falschen Qualität und Menge vorhanden.*
  - Die Leitung Werkstatt informiert, dass es zu Falschbestellungen und falschen Mengen kommt. Sie stellt ein aktuelles Beispiel zur

Verfügung. Die Leitung ET-Verkauf klärt das Problem intern und gibt der Leitung Werkstatt die Lösung bekannt.

- *Notfälle werden nicht mit mir abgesprochen und trotzdem angenommen*
  - Die Leitung Werkstatt zeigt anhand eines Beispiels der Leitung Kundendienst den Auftrag. Die Leitung Kundendienst klärt die Situation mit der Service-Beratung und gibt der Leitung Werkstatt die Lösung bekannt.

- *Notfälle werden angenommen, obwohl die Serviceberatung bei korrekter Annahme des Fahrzeugs gesehen hätte, dass der Notfall nur ein Bedienfehler des Kunden ist.*
  - Die Leitung Werkstatt zeigt anhand eines Beispiels der Leitung Kundendienst den Auftrag. Die Leitung Kundendienst klärt die Situation mit der Service-Beratung und gibt der Leitung Werkstatt die Lösung bekannt.
  - Gegebenenfalls könnte die Leitung Werkstatt mit der Serviceberatung eine Liste mit Bedienfehlern von Kunden erarbeiten.

- *Prozesse passen nicht*
  - Probleme entstehen, wenn die Prozesse unklar sind. Für Klarheit können die Leitungen sorgen. Es kann eine externe Werkstatt-Prozess-Beratung helfen.

- *Ich fühle mich selbst unsicher bei der Einteilung der Werkstatt*
  - Ich erkenne es an, dass ich einer Aufgabe nicht gewachsen bin.
  - Es ist ok für mich, ich suche nach einer Lösung – ich darf ein Lernfeld haben.
  - Ich bespreche mit der Geschäftsführung, dass ich bei meinem Lernfeld ‚harmonische Einteilung der Werkstatt‘ Unterstützung brauche.
  - Ich kläre mit der Geschäftsführung, dass ich wirklich lernen möchte, die Einteilung der Werkstatt harmonisch zu machen und die Schulungen zu diesem Thema durchzuführen und in die Praxis umzusetzen.

- *Die Einteilung im Kalender passt nicht – sieht das keiner?*
  - Bei dieser Denkweise ist der Leitung Werkstatt nicht klar, dass es *ihre* Aufgabe, ist die Einteilung des Kalenders passend zu machen.

Mit der Leitung Kundendienst werden gemeinsam Lösungen für die Einteilung der TechnikerInnen im Kalender gefunden.

- *Ich bin gestresst und die TechnikerInnen stehen herum, warum holen sie sich keinen Auftrag von mir?*
  - Bei dieser Aussage wird der Leitung Werkstatt schmerzlich bewusst, dass es ihre Aufgabe ist, den TechnikerInnen durchgängig Aufträge zu geben. Wenn TechnikerInnen „herumstehen", dann hat die Leitung Werkstatt keine Aufträge für die TechnikerInnen. Dieses Thema zu lösen ist die Aufgabe der Leitung Werkstatt. Beispielsweise kann die Leitung darüber nachdenken, woher es kommt, dass sie gestresst ist.
  - Des Weiteren ist die Werkstatt-Einteilung nicht harmonisch – hat die Leitung die Einteilung im Griff? – Um die Werkstatt-Einteilung zu harmonisieren, braucht die Leitung Werkstatt
    - genügend Aufträge,
    - Klarheit in der Einplanung sowie
    - die Vorausschau, sodass, wenn Techniker vor der Beendung ihres Auftrages sind, bereits der nächste Auftrag vorbereitet ist.

- *Ich habe kein Vertrauen in die Arbeit der TechnikerInnen.*
  - Ich kläre, welche Aufträge von welchen Technikern durchgeführt werden können.
  - Befundungen sind besser den Diagnosetechnikern zugeordnet. Das gebe ich auch der Serviceassistenz bei der Terminvereinbarung bekannt.

Was braucht es für die Auslastungserhöhung einzelner TechnikerInnen?

- Information an die TechnikerInnen
  - d. h.: jeder Techniker ist individuell, manche wissen schon gerne am Vortag, was sie am nächsten Tag zu tun haben werden. Diese Techniker schätzen es, wenn die Leitung Werkstatt mit Ihnen den nächsten Tag bespricht.
- Unterstützung der Leitung Werkstatt
  - d. h.: TechnikerInnen freuen sich, wenn sie bei einem „Problemauto" von der Leitung Werkstatt einen Kollegen beigestellt bekommen oder mehr Zeitaufwand von der Leitung sichergestellt wird.

Die Werkstatt-Auslastung ist mit der inneren Motivation der Werkstattleitung verbunden. Die Leitung Werkstatt hat es in der Hand, für die Erhöhung der Auslastung zu sorgen. Das ist eine wichtige Aufgabe und es gibt viele menschliche Aspekte, die zum Gelingen dieser Aufgabe beitragen.

Die Geschäftsführung hat ein Ziel vorgegeben. Es ist für die Leitung Werkstatt wichtig, dass das Ziel erreichbar ist. Die Leitung Werkstatt hat die innere Motivation, das Ziel zu erreichen. Die innere Motivation sind die Bedürfnisse, die die Werkstattleitung sowohl menschlicherseits wie auch in der Erfüllung der Aufgabe hat. Das sind Bedürfnisse wie Vertrauen, Sicherheit, Ziele erreichen, Selbstvertrauen, Selbstwert u. v. m. Diese Bedürfnisse sind bei jeder Werkstattleitung individuell. Die Bedürfnisse drücken sich meist in Gedanken oder auch in Aussagen aus – vielleicht haben Sie von einer Werkstattleitung schon einmal gehört: „Die Mechaniker ziehen nicht an einem Strang." Das bedeutet, dass das Team nicht zusammenhält, nicht füreinander einsteht. In diesem Fall ist das Bedürfnis der Werkstattleitung *Zusammenarbeit.* Je mehr Bedürfnisse der Werkstattleitung erfüllt sind, umso eher wird die Aufgabe „Steigerung der Auslastung" erfüllt werden können.

Die Werkstattleitung hat in Bezug auf die Erfüllung der Bedürfnisse und die Auslastung mehrere „Mitspieler" im Unternehmen. Die Geschäftsführung erteilt die Aufgabe, mit dem TechnikerInnen-Team wird die Aufgabe erfüllt, das Kundendienst-Team hilft bei der Auslastungserhöhung mit. Da die Werkstattleitung mit vielen Menschen aus dem Unternehmen zusammenarbeitet, gibt es viele Möglichkeiten, dass die Werkstattleitung die Auslastungserhöhung nur mit Unterstützung erreichen kann. Bei den folgenden Themen bezieht sich die Aufstellung ausschließlich auf die Themen, die die Werkstattleitung selbst zu lösen in der Hand hat.

Themen, die das Ziel „Auslastungssteigerung" hemmen, und was die Werkstattleitung motiviert

Die hemmenden Themen sind die Gedanken, die sich die Leitung Werkstatt macht. Die sachliche Betrachtung ist die Vorgabe in Zahlen, die möglichst auch erreichbar sein sollte. Das Bedürfnis zeigt der Leitung Werkstatt, was sie braucht (Tab. 2.7).

Tab. 2.7 Hemmende Gedanken und die Bedürfnisse dahinter

Themen (Gedanken) der Werkstattleitung	Sachliche Betrachtung	Bedürfnis der Werkstattleitung
‚Jetzt kommt die Geschäftsführung mit Auslastungszahlen daher. Das haben wir noch nie besprochen.'	Die Auslastung ist 2023 85 %. 2024 ist die Vorgabe 90 % Auslastung.	Kompetenz: Zeigt mir jemand, wie diese Zahlen entstehen?
‚Wofür soll das Getue um die Auslastung gut sein?'	Die Auslastung ist 2023 85 %. 2024 ist die Vorgabe 90 % Auslastung.	Information: Was bringt die Steigerung der Auslastung genau?
‚Wie soll ich es schaffen, die Auslastung zu steigern?'	Die Auslastung ist 2023 85 %. 2024 ist die Vorgabe 90 % Auslastung.	Unterstützung: Hilft mir die Geschäftsführung bei der Lösung?
‚Kann ich das überhaupt?"	Die Auslastung ist 2023 85 %. 2024 ist die Vorgabe 90 % Auslastung.	Selbstsicherheit: Ich brauche die Sicherheit, eine Lösung zu finden.
‚Wie soll ich mehr Auslastung zusammenbringen, wenn die Mechaniker so langsam sind?'	Die Auslastung ist 2023 85 %. 2024 ist die Vorgabe 90 % Auslastung.	Vertrauen: Wie schaffe ich es die Techniker zu motivieren?
‚Der Techniker jammert schon wieder über die Arbeit – so bekomme ich nie mehr Auslastung zusammen.'	Die Auslastung ist 2023 85 %. 2024 ist die Vorgabe 90 % Auslastung.	Verständnis: Vielleicht frage ich den Techniker einfach, was er konkret für seine Arbeit braucht?
‚Jetzt nervt mich der schon wieder wegen der Schulung, dabei kann er nix.'	Die Auslastung ist 2023 85 %. 2024 ist die Vorgabe 90 % Auslastung.	Entwicklung: Ich spreche mit ihm konkret, welche Schulung er braucht, um sich in der Kompetenz zu steigern.
‚Die machen einfach nicht das, was ich ihnen sage.'	Die Auslastung ist 2023 85 %. 2024 ist die Vorgabe 90 % Auslastung.	Selbstsicherheit: Bin ich eine Führungskraft, hinter der das Team steht? Wenn nein, weshalb nicht?
‚Ich trink jetzt erst einmal einen Kaffee.'	Die Auslastung ist 2023 85 %. 2024 ist die Vorgabe 90 % Auslastung.	Selbstfürsorge: jetzt tu ich mir was Gutes, dann geht es wieder besser.

2.1.1.5 Anleitung 12 – Ich will was tun – Leitung Werkstatt und Auslastungssteigerung

Erstellen Sie hier eine eigene Liste mit Ihren Gedanken zur Auslastungssteigerung (Tab. 2.8). Das ist Ihre Basis, um sich mit diesem Thema auseinanderzusetzen und vielleicht auch die eigenen Hemmnisse anzuerkennen.

Anhand der Themen erkennt die Leitung Werkstatt, dass sie für die Auslastungssteigerung noch etwas braucht. Jede Leitung ist individuell. Vielleicht hilft der Leitung Werkstatt schon die Liste in Tab. 2.8. Vielleicht braucht sie aber auch Input von der Geschäftsführung.

Es kann auch ein Coaching mit dem Ziel Auslastungssteigerung helfen. Dabei wird erarbeitet, wie die Auslastung gemeinsam mit dem Team gesteigert werden kann. Denn nur gemeinsam mit dem Team erreicht die Leitung Werkstatt das Ziel. Dabei ist es wichtig, dass das Ziel nicht auf Kosten der Mitarbeitenden erreicht wird, sondern dass für beide Seiten eine Win-Win-Situation darstellt.

TechnikerInnen-Entwicklung

Der Leitung Werkstatt macht es Freude, wenn sie mit kompetenten TechnikerInnen zusammenarbeiten kann. Für die Kompetenz im Team zu sorgen, ist ebenfalls die Aufgabe der Leitung Werkstatt. Was kann die Leitung Werkstatt für die Kompetenz tun? Sie

Tab. 2.8 Gedanken zur Auslastungssteigerung

Themen (Gedanken) der Werkstattleitung	Sachliche Betrachtung	Bedürfnis der Werkstattleitung
Hier tragen sie Ihre Gedanken zum konkreten Ziel aus Spalte 2 ein?	*Hier tragen Sie das konkrete Ziel der Geschäftsführung ein.*	*Was brauchen Sie für die Zielerreichung und wer oder was hilft?*
…	…	…
…	…	…
…	…	…
…	…	…
…	…	…
…	…	…

- sorgt für die passenden Schulungen der TechnikerInnen,
- sorgt für Zeit, die die TechnikerInnen brauchen, um von anderen Technikern mittels Zusammenarbeit zu lernen,
- gibt fachliche Informationen an die TechnikerInnen weiter,
- erzählt von Problemfällen und deren Lösung, damit alle davon lernen,
- gibt die Chance, dass sich TechnikerInnen ihrem Entwicklungstempo gemäß verbessern und
- stellt geeignetes Werkzeug und Hilfsmaterial zur Verfügung.

Fachkräfte-Entwicklung – Lehre
Enorm viel Potenzial liegt in der Entwicklung von Fachkräften. Lehrlinge sind die Fachkräfte der Zukunft. Um einem eventuellen Fachkräftemangel im Autohaus vorzubeugen ist es förderlich, wenn das Unternehmen Lehrlinge ausbildet.

Die Lehrlings-Entwicklung ist die Aufgabe der Leitung Werkstatt. Eine gelingende Ausbildung von Lehrlingen zu Fachkräften ist die Aufgabe der Leitung Werkstatt.

In der Praxis gibt es Autohäuser, die die Lehrlingsausbildung als schwierig ansehen. Es gibt Aussagen wie: „Wir finden keine Lehrlinge. Niemand will mehr arbeiten. Und die, die wir bekommen, taugen nicht."

Es ist die Aufgabe der Geschäftsführung, die Lehrlingsausbildung im Autohaus ernst zu nehmen. Setzt sich die Geschäftsführung aufgrund von Frust nicht mit der Lehrlingsausbildung im Unternehmen auseinander, verliert sie Geld. Sie verliert auch die Fachkräfte der Zukunft. Ein Ziel der Geschäftsführung kann daher die Neuaufstellung der Lehrlingsausbildung im Autohaus sein.

2.1.1.6   Anleitung 13 – Ich will was tun – Vom Lehrling zur Fachkraft

Was ist zu tun? Welche Lösungen gibt es:
- *Mehr BewerberInnen für die Lehrstellen finden:*
  - Ein gefälliges und authentisches Inserat für die Lehrlingssuche gestalten

- Inserate in allen Jobbörsen
- Teilnahme an Lehrlingsmessen
- Zusammenarbeit mit den örtlichen Schulen fördern
- Mit dem AMS zusammenarbeiten
- Teilnahme an Veranstaltungen der WKO sich als Lehrbetrieb bekannt zu machen
- Innerbetriebliche Werbung, um Bekannte von Mitarbeitenden für die Lehre im Autohaus zu gewinnen
- Lehrstelle auf der Homepage ausschreiben
- Inserat für die Lehrstelle im Betrieb – Kundenzone etc. aushängen
- In sozialen Medien das Inserat schalten
- Mitarbeitende und Bekannte bitten das Inserat auf den sozialen Medien weiterzuleiten

- *Bewerbung als Lehrling niederschwellig anbieten*
  - Es kann sein, dass Lehrlinge unsicher in der Erstellung von Bewerbungsunterlagen sind. Geben Sie als Leitung Werkstatt einfach ihre Telefonnummer bekannt und ermöglichen Sie eine telefonische Terminvereinbarung mit den BewerberInnen. Firmenintern haben Sie monatlich einen fixen Termin (Am besten Donnerstag oder Freitag) und einen Techniker aus dem Team, der die Lehrlinge betreut. Bitten Sie die Lehrlinge am vereinbarten Tag einen Lebenslauf mitzubringen und sagen ihm/ihr an wen er/sie sich im Unternehmen wenden soll. Das gibt den TechnikerInnen die Möglichkeit der Auswahl und sichert durch die Mitsprache eine sicherere Aufnahme ins Team zu.
  - Bewerber sind bei der Suche nach einer Lehrstelle noch sehr jung. Anerkennen Sie es, dass sie noch nicht alles wissen. Sie sind auf der Suche nach engagierten und mutigen Jugendlichen, die ihr Leben selbst in die Hand nehmen. Unterstützen Sie sie dabei.

- *Lehrlings-Auswahl optimieren*
  - Ernten Sie die Früchte Ihrer Arbeit bei der Suche nach BewerberInnen. So viel Mühe wird mit vielen Bewerbungen belohnt.

– Nehmen Sie nicht den Erstbesten. Sind die Techniker nach dem Erstgespräch einverstanden, dann laden Sie den Lehrling zuerst zum Schnuppern ein.
– Ist auch das Schnuppern vom Team positiv gesehen worden, dann organisieren Sie einen Kompetenz-Check. Hier ist es nicht wichtig, ob die Lehrlinge den
– Bundeskanzler beim Namen nennen können. Erstellen Sie mit den TechnikerInnen einmalig für diesen Kompetenz-Check einen Fragebogen. Was soll ein Lehrling wissen?

(a) Suchen Sie einen „Schrauber", dann sind im Fragebogen folgende Fragen sinnvoll:

– Arbeitest du gerne handwerklich
– Schraubst du gerne an deinem Fahrrad oder Moped
– Wie viel Liter glaubst du gehört bei einem Auto in den Waschanlagenbehälter?
– Was ist der Unterschied von Winterreifen zu Sommerreifen
– etc.

(b) Suchen Sie einen zukünftigen Diagnosetechniker, dann sind im Fragebogen folgende Fragen sinnvoll:

– Hat dir das Schulfach Physik Spaß gemacht?
– Interessierst du dich wie Strom funktioniert?
– Bist du geduldig, wenn du bei deinem kaputten Moped den Fehler suchst?
– Kannst du gut konzentriert arbeiten?
– etc.

– Haben die Techniker nach Prüfung des Fragebogens noch immer den Wunsch, dass der Lehrling ins Team kommt, dann werden einfache Übungen sinnvoll sein, um das handwerkliche Geschick der BewerberInnen zu erproben. Lassen Sie den Lehrling mit der Druckluft oder den Schrauber an einem Schaustück arbeiten. Das macht Spaß, Sie erkennen, ob er schon mit Werkzeug gearbeitet hat

und die Aktion hinterlässt beim Lehrling ein aktives Bild des Autohauses.
– Das klingt nach viel Arbeit. Diese Form der Auswahl belohnt Sie in der Folge. Sie bekommen fitte Lehrlinge, haben dem Team die Möglichkeit der Auswahl gegeben – und das wird in der Folge die Zufriedenheit mit den Lehrlingen und die Fluktuation der Lehrlinge verringern

- *Klarheit in der Lehrlingsausbildung*
  – Entwickeln Sie mit den TechnikerInnen einen klaren Ausbildungsplan für die Lehrlinge – Dieser Ausbildungsplan gibt die Richtung vor, wird je nach Entwicklung des Lehrlings angepasst
  – Mit welchem Techniker startet der Lehrling im 1. Lehrjahr. Wann geht er in die Berufsschule. Was sind die Ziele im ersten Lehrjahr
  – Laufende Prüfung, ob die Zusammenarbeit mit dem Techniker und Lehrling passt. Sollte das nicht der Fall sein, dann kann die Leitung Werkstatt klären, welche Gründe es gibt, dass die Zusammenarbeit nicht funktioniert. Es kann auch Lehrlings-Coaching für diese Situation organisiert werden. Dabei spricht ein ausgebildeter Lehrlingscoach mit dem Lehrling vertraulich, welche Themen es bei der Lehre gibt.
  – Was sollte der Lehrling im 2. Lehrjahr können und wie kann das Unternehmen diese Ziele fördern?
  – Was sollte der Lehrling im 3. Lehrjahr können und wie kann das Unternehmen diese Ziele fördern?
  – Was sollte der Lehrling im 4. Lehrjahr können und wie kann das Unternehmen diese Ziele fördern?

- *Missverständnisse während der Lehrzeit erkennen und klären*
  – Es ist mutig von den jungen Menschen eine Lehre zu starten. Meistens sind sie echt gewillt eine gute Fachkraft zu werden. Trotzdem kann es sein, dass es zu Missverständnissen während der Lehrzeit kommt. Die Missverständnisse entstehen entweder im Team der Lehrlinge, im Team Werkstatt oder mit dem zugeteilten Techniker oder der Leitung Werkstatt. Zumeist erkennt die Leitung Werkstatt dieses Thema, wenn sie unterschwellige Beschwerden

über den Lehrling hört. Da sollte die Leitung Werkstatt sofort eine Maßnahme setzen. Ist die Leitung in der Lösung von Missverständnissen stark, dann macht sie das umgehend selbst. Wenn nicht, dann hilft Lehrlings-Coaching

• *Lehrlinge im Unternehmen halten*
  – Sind alle o. a. Punkte sorgfältig und respektvoll erledigt worden, dann braucht es gegen Ende der Lehrzeit nur noch die Entscheidung, ob der Lehrling im Unternehmen bleibt oder das Unternehmen verlässt.
  – Die Transparenz für den Lehrling ist wichtig. Die Leitung Werkstatt gibt dem Lehrling Feedback über die Lehrzeit. War der Lehrling engagiert und hat sich zur kompetenten Fachkraft entwickelt ist es schön, wenn der Lehrling das von der Führungskraft gesagt bekommt. Ist das der Fall, könnte die Leitung Werkstatt nachfragen welche Pläne der Lehrling nach der Lehrzeit hat? Möchte der Lehrling weiterhin als Fachkraft in der Technik arbeiten ist der nächste Schritt über den möglichen Verbleib im Unternehmen zu sprechen.
  – Ein weniger kompetenter Lehrling möchte im Unternehmen bleiben, weil er unsicher ist in einer anderen Werkstatt zu arbeiten. Die Leitung Werkstatt entscheidet dann nach eigenem Ermessen. Ein Techniker, der zwar weniger kompetent, aber zuverlässig ist, kann in der Reifensaison sehr hilfreich sein. Auch da empfiehlt es sich die Aufgaben und Kompetenzen klar im neuen Dienstvertrag zu formulieren.
  – Ein kompetenter Lehrling möchte zwar in der Branche bleiben, möchte aber vielleicht nicht im Unternehmen bleiben. Liebe Leitung Werkstatt, hören Sie das bitte nicht als Entscheidung gegen sie. Wünschen Sie diesen Lehrlingen alles Gute für den weiteren Berufsweg! Es kann immer einmal sein, dass Sie genau diesen ehemaligen Lehrling in einer anderen Position wiedertreffen und das gute Einvernehmen beim Lehrabschluss für beide Seiten hilfreich war.
  – Lehrlinge die kompetent sind und sich weiterentwickeln wollen brauchen die Bestätigung, dass das im Unternehmen möglich ist. Das fördert eine langfristige Zusammenarbeit mit Fachkräften die

bereit sind sich zu verändern. Auch diese Mitarbeitenden sind wichtig. Denn speziell im Autohaus gibt es eine Vielzahl an Möglichkeiten sich zu entwickeln und die fachliche Kompetenz dabei gebraucht wird.

2.2   Verrechnungsgrad in %

Die Verrechnung wird auf den Verrechnungsgrad, die interne Verrechnung sowie die Garantieverrechnung aufgeteilt. In diesem Absatz wird auf den Verrechnungsgrad in % eingegangen. Der Verrechnungsgrad ergibt sich durch die Schnelligkeit der durchgeführten Arbeiten in Bezug auf Herstellervorgaben auf Kundenaufträgen.

Der Verrechnungsgrad wird in % angegeben. Auch hier gilt, wie bei der Auslastung, dass der Verrechnungsgrad für das gesamte TechnikerInnen-Team und je Techniker betrachtet werden kann. Auch die Zeiträume, in denen der Verrechnungsgrad beobachtet werden kann, ist analog zur Auslastung: Täglich, wöchentlich, monatlich, quartalsweise, halbjährlich und jährlich.

Der Verrechnungsgrad hängt von den Rahmenbedingungen, der Motivation und der Kompetenz der Techniker ab.

Diese Rahmenbedingungen schafft die Leitung Werkstatt:
- Ruhe bei der Arbeit,
  - d. h.: der Techniker wird möglichst bei der Bearbeitung der Aufträge nicht unterbrochen.
- Hohe Auftragsqualität,
  - d. h.: die Aufträge werden von der Serviceberatung nach Jobs einheitlich vorgeschrieben. Die Serviceberatung nimmt das Auto direkt an und klärt kompetent notwendige Befundungen. Der Text der Befundung ist für die Techniker klar dokumentiert.
- Optimale Teileverfügbarkeit,
  - d. h.: gängige Ersatzteile sind in der benötigten Qualität und Menge verfügbar.

- Effiziente Auftragsdurchführung,
  - d. h.: der Techniker begutachtet das Fahrzeug, befundet Sonderaufgaben, holt für Garantiearbeiten Freigaben ein, bereitet eventuelle Service-Aktionen vor. Erst dann bereitet der Techniker die Arbeitszeitenlisten und Ersatzteillisten je Job vor. Damit arbeitet die Serviceberatung. Sie vereinbart mit dem Kunden die Auftragsfreigabe und den Durchführungstermin. Der Kunde kommt, wenn alle Teile da sind. Der befundende Techniker führt die Arbeit in einem Schwung gesamt durch.

So motiviert die Leitung Werkstatt die Techniker:
- Anerkennung der Leitung Werkstatt,
  - d. h.: es steigert die Motivation von TechnikerInnen, wenn sie für ihre Arbeitsleistung Anerkennung von der Führungskraft bekommen.
- Information,
  - d. h.: jeder Techniker ist individuell, manche wissen schon gerne am Vortag was sie am nächsten Tag zu tun haben werden. Diese Techniker schätzen es, wenn die Leitung Werkstatt mit Ihnen den nächsten Tag bespricht.
- Unterstützung der Leitung Werkstatt,
  - d. h.: TechnikerInnen freuen sich, wenn sie bei einem „Problemauto" von der Leitung Werkstatt einen Kollegen beigestellt bekommen oder mehr Zeitaufwand von der Leitung sichergestellt wird.
- Ordnung,
  - d. h.: sorgt die Leitung Werkstatt für Ordnung, arbeiten TechnikerInnen, denen Ordnung wichtig ist, schneller.
- Respekt,
  - d. h.: werden TechnikerInnen von allen Mitarbeitenden im Autohaus respektvoll behandelt, steigert das die Motivation und Freude an der Arbeit.

So erhöht die Leitung Werkstatt die Kompetenz der Techniker:
- Entwicklung der Techniker,
  - d. h.: den Technikern werden Schulungen angeboten

Der Verrechnungsgrad wird auf der Anwesenheitsliste angezeigt. Hierzu wird noch einmal die Muster- Tab. 2.3 aus Abschn. 2.1 für die Anwesenheit und Auslastung herangezogen (Tab. 2.9).

Der Verrechnungsgrad ergibt sich immer aus den verrechneten Arbeitsstunden auf Aufträgen in Bezug auf die Auslastung. In diesem Fall sind es Kundenaufträge.

Beim Techniker Muster ist der Verrechnungsgrad 120 %, d. h., er hat die Arbeiten auf den Kundenaufträgen um 20 % schneller erledigt, als die Herstellervorgabe vorsieht. Das kann vorkommen. Er könnte ein sehr erfahrener und kompetenter Techniker sein. Wichtig ist für die Leitung Werkstatt, dass die durchgeführten Arbeiten den Herstellervorgaben entsprechen und sorgfältig ausgeführt wurden.

Der Techniker Meier hat einen Verrechnungsgrad von 90 %. Er hat die Arbeiten auf Kundenaufträgen langsamer erledigt, als die Herstellervorgaben vorsehen. Dabei stellt sich die Leitung Werkstatt die Frage, ob der Techniker zu genau ist und deshalb länger braucht, ob es Erschwernisse gegeben hat oder ob der Techniker mehr Kompetenz braucht.

Der Techniker Huber mit dem Verrechnungsgrad von 88 % hat ebenfalls länger auf den Aufträgen gearbeitet, als die Herstellervorgaben vorsehen. Die Leitung Werkstatt prüft, ob der Techniker vielleicht vergisst, auf den Aufträgen das Arbeitsende zu stempeln.

Mit 101 % Verrechnungsgrad liegt der Techniker Müller in der Zeit der Händlervorgabe. Bei diesem Techniker ist ersichtlich, dass ein geringer Auslastungsgrad nicht mit dem Verrechnungsgrad zusammenhängt.

Die Technikerin Rosner hat den Verrechnungsgrad 95 %. Hier entscheidet die Leitung Werkstatt, ob sie Maßnahmen setzt.

Tab. 2.9 Muster-Tabelle Auslastung und Verrechnungsgrad

Anwesenheit in Stunden	Name der TechnikerInnen	Auslastung %	Verrechnungsgrad in %
167	Max Muster	80 %	120 %
128,5	Leo Meier	82 %	90 %
167	Rex Huber	79 %	88 %
90	Otto Müller	85 %	101 %
157	Mia Rosner	89 %	95 %

2.2.1 Anleitung 14 – Ich will was tun – Klärung Verrechnungsgrad

Es macht Sinn, wenn die Leitung Werkstatt den Verrechnungsgrad ihrer Techniker beobachtet. Ergibt die Beobachtung Verbesserungsmöglichkeiten, setzt die Leitung Werkstatt Maßnahmen, die eine Korrektur einleiten (Tab. 2.10 und Tab. 2.11).

Vielleicht denken Sie sich jetzt: `Na, die Anerkennung hat hier viel Raum.` Vielleicht haben Sie einmal als Techniker gearbeitet und von Ihrer Leitung Werkstatt auch keine Anerkennung bekommen. Bleiben Sie nicht im gleichen Muster. Probieren Sie es einmal in Ihrem Team mit

Tab. 2.10 Verrechnungsgrad unter 100 %

% Satz der Hersteller	Diese Fragen stellt sich die Leitung Werkstatt und setzt Maßnahmen für die Korrektur	Technikername
<100 %	Bleiben Techniker nach Fertigstellung der Arbeiten auf einem Kundenauftrag länger angestempelt als notwendig?	
Lösung	Schulung über Stempelung auf Aufträgen	
<100 %	Brauchen Techniker länger als die vom Hersteller vorgegebenen Zeiten für diese Arbeit?	
Lösung	Kompetenz der Techniker steigern	
<100 %	Hat es bei diesem Auftrag Erschwernisse gegeben, die dem Kunden nicht in Rechnung gestellt werden?	
Lösung	Schulung der Techniker, dass Erschwernisse nach Rücksprache mit der Serviceberatung an den Kunden weiterverrechnet werden.	
<100 %	Arbeitet der Techniker übergenau und benötigt daher länger als notwendig?	
Lösung	Coaching, wie der Techniker trotz seines Anspruches an Genauigkeit zufrieden ist.	
<100 %	Gibt der Techniker alle vom Hersteller vorgegebenen Arbeitsschritte für die Durchführung bei der Verrechnung bekannt?	
Lösung	Schulung Arbeitsschritte Herstellervorgabe	

Tab. 2.11 Verrechnungsgrad über 100 %

% Satz der Hersteller	Diese Fragen stellt sich die Leitung Werkstatt und setzt Maßnahmen für die Korrektur	Technikername
>100 %	Arbeitet der Techniker nach Herstellervorgaben?	
Lösung	Schulung der Herstellervorgaben z. B. füllt der Techniker auch bei jedem Service den Serviceplan aus?	
>100 %	Gibt es bei höherem Verrechnungsgrad auch vermehrt Rücklauf nach der Bearbeitung?	
Lösung	Probefahrten durchführen und durchgeführte Arbeiten prüfen	
>100 %	Ist der Techniker kompetent?	
Lösung	Die Leitung gibt echte Anerkennung: Sie sagt zum Techniker: „Indem Sie die Arbeiten korrekt durchführen, erfüllt mir das Kompetenz."	
>100 %	Ist der Techniker effizient?	
Lösung	Die Leitung gibt echte Anerkennung: Sie sagt zum Techniker: „Indem Sie die Arbeiten rasch durchführen, erfüllt mir das Effizienz."	
>100 %	Ist der Techniker motiviert und hat Freude an der Arbeit?	
Lösung	Die Leitung gibt echte Anerkennung: Sie sagt zum Techniker: „Indem Sie Spaß an der Arbeit haben, erfüllt mir das Freude".	
>100 %	Ist der Techniker über 100 % Verrechnungsgrad?	
Lösung	Die Leitung gibt echte Anerkennung und sagt einfach: *Danke*.	

Anerkennung für die Leistung. Sie werden sehen, mit wie viel mehr Engagement Ihr Team es Ihnen danken wird.

Wichtig: Bitte verwenden Sie die Zahlen aus der Auslastung und dem Verrechnungsgrad nicht als Anlass, um *Vergleiche* unter den einzelnen Technikern anzustellen. Die Techniker zu vergleichen mit der Absicht, sie anzuspornen, geht erfahrungsgemäß nach hinten los und wirkt sich demotivierend aus. Es wird hier strikt von Vergleichen abgeraten. **Achtung!** Bitte keine Vergleiche unter den Technikern!

Die Beobachtung der Zahlen in der Auslastung und Verrechnung darf lediglich zur individuellen und allgemeinen Förderung in der Entwicklung und Zusammenarbeit dienen!

Die Beobachtung der Zahlen in der Auslastung und Verrechnung darf lediglich zur Ertragssteigerung sowie einer harmonischen Einteilung der Techniker in der Werkstatt dienen!

Was Sie in diesem Kapitel erreicht haben:

- Sie wissen, wie Sie die Auslastung in der Werkstatt je Techniker erhöhen, um für mehr Ertrag zu sorgen,
- wie sich die Leitung Werkstatt in ihrer Rolle als Führungskraft entwickelt und damit das Team entwickelt,
- welche Aufgaben als Führungskraft zu erledigen sind, um die Einteilung in der Werkstätte zu harmonisieren
- wie die Auslastung und der Verrechnungsgrad gesteigert werden kann und
- wie einzelne Techniker individuell entwickelt werden, um den Verrechnungsgrad zu erhöhen.

3

Unternehmenszahlen aus dem Kundendienst

Für *mehr Ertrag* im Autohaus sorgt auch der Kundendienst. Die Geschäftsführung überträgt der Leitung Kundendienst die Aufgabe das Kundendienst-Team zu führen, die effiziente Zusammenarbeit mit der Werkstätte sicherzustellen und für die Zufriedenheit der Kunden zu sorgen. Zusätzlich vertraut die Geschäftsführung darauf, dass die Anzahl der offenen Aufträge so gering wie möglich ist. Sie möchte, dass die Abrechnungen der Kundenaufträge korrekt sind. Die Geschäftsführung erwartet von der Leitung Kundendienst, dass die Serviceberatung geschult ist. Für die Ertragssteigerung stellt die Serviceberatung sicher, dass sie die Kunden so beraten, dass die Kunden alle vom Autohaus angebotenen Dienstleistungen kennt und bei Bedarf bekommt.

© Der/die Autor(en), exklusiv lizenziert an Springer Fachmedien Wiesbaden GmbH, ein Teil von Springer Nature 2026
H. Strauß, *Quick Guide: Mehr Ertrag für Ihr Autohaus*, Quick Guide,
https://doi.org/10.1007/978-3-658-49889-4_3

> **Was Sie aus diesem Kapitel mitnehmen**
>
> - Als Geschäftsführung und als Leitung Kundendienst erfahren Sie, wie Sie die Probleme als Führungskraft in den Griff bekommen,
> - wie Sie die Anzahl der offenen Aufträge im Kundendienst im Auge behalten und prüfen können, ob die Mitarbeitenden ihre Aufgaben erfüllen,
> - wie Sie sich mit der Abrechnung der Aufträge vertraut machen und zu mehr Ertrag beitragen,
> - wie sie Mitarbeitende bei schwierigen Kundengesprächen unterstützen und das Mindset der Serviceberater von „Verkaufen" zu „Beraten" wandeln.

Der Kundendienst ist die erste Anlaufstelle der wichtigsten Menschen im Autohaus: der Kundinnen und Kunden. Alle, die ein Auto fahren, kommen früher oder später in die Werkstatt mit dem Wunsch, freundlich, kompetent und fair betreut zu werden.

Im Kundendienst gibt es die Funktionen:

- Empfang,
- Telefon,
- Kassa,
- Serviceassistenz,
- Serviceberatung.

Alle Mitarbeitenden arbeiten daran, dass die KundInnen den Werkstattbesuch als Dienstleistung erleben, zufrieden sind und gerne wiederkommen.

Im Organigramm (Abb. 1.1 und 1.4) ist ersichtlich, wer das Team Kundendienst führt. Es ist wahrscheinlich die Leitung Kundendienst. Und wie bei der Leitung Werkstatt ausgeführt, ist die Leitung Kundendienst eine Funktion, für die es keine eigene Berufsausbildung gibt. Die Aufgaben ähneln der Leitung Werkstatt. Für die Entwicklung der Leitung Kundendienst ist die Anleitung 8 in Abschn. 2.1.1.1 förderlich. Zusätzlich braucht die Leitung Kundendienst die höchste Kompetenz im Umgang mit Kunden.

Diese Zahlen beobachtet die Leitung Kundendienst für mehr Ertrag im Autohaus:

- Anzahl der offenen Aufträge
- Abrechnungen der Kundenaufträge
- Verkauf von Dienstleistungen des Autohauses

Ich will was tun

Unter dem Motto „Ich will was tun" stellt Ihnen dieses Kapitel drei Anleitungen zur Verfügung, die Ihnen als Geschäftsleitung helfen, die Ertragssteigerung in Ihrem Autohaus nachhaltig zu implementieren:

- Mit der Bearbeitung der Anleitung 15 zeigen Sie als Leitung Kundendienst, dass Sie die Aufgaben der Mitarbeitenden im Team beobachten und wie es dadurch zur Ertragssteigerung kommt.
- Mit der Beobachtung der Abrechnungen stellen Sie sicher, dass die Mitarbeitenden reell abrechnen.
- Mit der Bearbeitung der Anleitung 16 motiviert die Leitung Kundendienst die Serviceberater die Kunden in allen Dienstleistungen des Autohauses kompetent beraten und dadurch den Umsatz steigern.

3.1 Anzahl der offenen Aufträge

Für jedes Fahrzeug, das angenommen wird, erstellt die Serviceberatung einen Auftrag. Der Auftrag ist im unternehmensinternen EDV-System gelistet. Der Auftrag ist so lange offen, bis die Abrechnung erfolgt.

In der Praxis können die Listen für offene Aufträge lang sein. Es kann sein, dass die Serviceberatung oder Serviceassistenz Aufträge nicht abrechnet. Es kann sein, dass Aufträge mit dem Kunden nicht klar abgesprochen sind, – und dann möchte diese niemand aus dem Team bearbeiten.

Deshalb ist es wichtig, dass die Leitung Kundendienst die offene Auftragsliste laufend beobachtet. Offene Aufträge kosten Geld. Welche Themen sich aus offenen Aufträgen ergeben, zeigt die folgende Anleitung 15

Tab. 3.1 Prüfung offene Aufträge

Thema – Der Auftrag ist offen, weil …	Lösung
… Teile bestellt sind und diese noch nicht geliefert wurden	Prüfung, ob noch aktuell. Teilebestellung prüfen
… keine Teile und Arbeitszeiten auf dem Auftrag vermerkt sind	Arbeit auf einem anderen Auftrag mit dem gleichen Jobtext erledigen. Dann Auftrag stornieren
… kein Termin mit dem Kunden vereinbart wurde	Mit Serviceberatung klären, weshalb kein Termin vereinbart wurde. Termin vereinbaren lassen
… der Auftrag nicht gefunden wird	Ordnung mit dem Umgang der Aufträge einfordern
… der Kunde den Termin abgesagt hat	Bestellte Teile zurückschicken und gutschreiben lassen
… die Abrechnung vergessen wurde	Klären, wie das passieren konnte?
… die Arbeiten in Garantie abgerechnet werden	Klären, warum der Auftrag nicht in der Garantieabteilung ist
… die Technik keine Lösung für die Reparatur hat	Mit der Leitung Werkstatt die weitere Vorgehensweise klären

(Tab. 3.1). In Tab. 3.1 werden Lösungen vorgeschlagen, die von der Leitung Kundendienst ergänzt werden können.

3.1.1 Anleitung 15 – Ich will was tun – Prüfung offene Aufträge (Tab. 3.1)

Beobachtet die Leitung Kundendienst die Anzahl der offenen Aufträge, erfüllt sie ihre Aufgabe. Gleichzeitig erkennt sie als Führungskraft die Lernfelder der Mitarbeitenden im Kundendienst. Der Leitung Kundendienst obliegt die Aufgabe, mittels Schulung die Lernfelder der Mitarbeitenden zu schließen.

> Beobachtet die Geschäftsführung, dass die Liste der offenen Aufträge passt, dann erkennt sie, dass die Leitung Kundendienst ihre Aufgabe erfüllt.

3.2   Abrechnungen der Kundenaufträge

Die Leitung Kundendienst beobachtet die Abrechnungen der Aufträge. Sie legt das Augenmerk auf die reelle Abrechnung. Dem Kunden werden nur Arbeitszeiten verrechnet, die tatsächlich durchgeführt wurden. Gleichzeitig achtet sie darauf, dass alle vom Hersteller vorgegebenen Arbeitsschritte verrechnet werden. Arbeiten mit erschwerten Bedingungen werden dem Kunden verrechnet.

3.3   Verkauf von Dienstleistungen des Autohauses

Das Ziel dieses Buches ist, dass die Leitung Kundendienst durch Veränderung der Vorgehensweise beim Verkauf von Dienstleistungen mehr Ertrag für das Autohaus erwirtschaftet.

Jedes Autohaus bietet eine Vielzahl an Dienstleistungen für seine Kunden an. In der Praxis ist üblich, dass die Mitarbeitenden im Kundendienst eher immer die gleichen Dienstleistungen anbieten und gleichzeitig andere Dienstleistungen vergessen oder diese nicht anbieten wollen. Die Gründe dafür sind vielfältig. Es kann sein, dass die Serviceberatung aufgrund von zu viel Arbeit froh ist, zumindest die vom Kunden gewünschten Arbeiten erledigen zu können. Es kann sein, dass die Serviceberatung bequem geworden ist. Es kann sein, dass die Serviceberatung schlechte Erfahrungen mit der Durchführung bestimmter Dienstleistungen gemacht hat. Es kann sein, dass die Serviceberatung die Dienstleistung nicht anbietet, weil die Zusammenarbeit mit der betreffenden Abteilung nicht passt.

Mit diesem Verhalten verliert das Autohaus Geld. Es ist die Aufgabe der Leitung Kundendienst:

- für eine motivierte Serviceberatung so sorgen,
- sicherzustellen, dass die verkaufbare Dienstleistung zur Zufriedenheit der Serviceberatung durchgeführt wird,

- zu erkennen, wenn einzelne Serviceberatungen mit einer Person, die die Dienstleistung anbietet, nicht zusammenarbeiten wollen,
- zu erkennen, wenn es menschliche Themen in der Zusammenarbeit der Abteilungen gibt,
- dafür zu sorgen, dass die Geschäftsführung Bescheid weiß, wenn die Zusammenarbeit unter den Abteilungen nicht passt, und dann gemeinsam mit der Geschäftsführung und allen Leitungen Strategien zu entwickeln, wie das gesamte Team besser zusammenarbeitet.

Für die Steigerung des Ertrages hat die Leitung Kundendienst mehrere Möglichkeiten. Es hilft vielleicht, wieder einmal darauf hinzuweisen, welche Dienstleistungen angeboten werden, und die Serviceberatung zu schulen, wie sie die Kunden in diese Richtung beraten. Von Zeit zu Zeit braucht es einfach die Auseinandersetzung mit diesem Thema.

Sagen Sie bitte aber nicht „Zusatzverkäufe" dazu. Das haben die Serviceberater zu oft gehört. Verändern Sie Ihre Wortwahl! Sagen Sie „Wir wollen unsere Dienstleistungen aus dem Autohaus anbieten. Wir bitten Sie als echte Berater, dem Kunden zu helfen, seine Wünsche für sein Auto zu erfüllen!"

Wie klingt das für Sie als Leitung Kundendienst? Zu geschwollen? Zu anders? Zu ungewohnt? Versuchen Sie es einmal! Eines ist sicher. Mit dem gleichen Verhalten erhalten Sie immer das gleiche Ergebnis. Kommunikation ist der Schlüssel für Erfolg. Etwas anders gesagt, bringt es auch ein anderes Ergebnis. Erwarten Sie bitte aber nicht, dass die Serviceberatung sofort zu Megaverkäufern wird. Mit der neuen Benennung der „Zusatzverkäufe" bekommt das Thema, das so viele Serviceberater nervt, wieder neues Gehör!

3.3.1 Anleitung 16 – Ich will was tun – Sicherstellen, dass alle Dienstleistungen verkauft werden

Mit dieser Anleitung setzt sich die Leitung Kundendienst mit dem Verkauf der Dienstleistungen aus dem Autohaus auseinander.

- Zunächst werden die Dienstleistungen aufgelistet.
- Dann wird eingetragen, was die Serviceberatung hemmt, die jeweilige Dienstleistung anzubieten.
- Danach entwickelt die Leitung Kundendienst die Lösung für die Themen (Tab. 3.2).

Tab. 3.2 Alle Dienstleistungen verkaufen

Dienstleistung	Weshalb bietet die Serviceberatung die Leistung nicht an?	Lösung
Fahrzeugreinigung	Die Reinigung der Fahrzeuge entspricht nicht den Vorgaben	Prüfung der Reinigung: Sind die Vorgaben für die Reinigung klar? – Schulung des Reinigungsteams
Fahrzeugreinigung	Es kann sein, dass einzelne Serviceberater bei der Reinigung einen sehr hohen Anspruch haben, der durch die allgemeine Vorgabe nicht erfüllt ist	Die Leitung Werkstatt klärt mit dem Serviceberater, dass sein individueller Wunsch nach Sauberkeit ok ist und gleichzeitig die Reinigung nach den Vorgaben vom Team erfüllt ist. Hilft diese Maßnahme nicht, kann externe Unterstützung in Form von Coaching helfen
Kleben Steinschläge	Beim Kleben der Steinschläge kann die Windschutzscheibe reißen. Macht der Serviceberater die Erfahrung, dass das verhältnismäßig oft in der Werkstatt passiert, dann verkauft er diese Dienstleistung nicht mehr	Die Leitung Kundendienst fördert die Offenheit, über Fehler zu sprechen, weil dadurch die Entwicklung von Mitarbeitenden möglich ist. Die Leitung Kundendienst bespricht mit der Leitung Werkstatt, ob sie auch diesen Eindruck hat und ein Lernfeld der Techniker „Steinschläge kleben" schließt

(Fortsetzung)

Tab. 3.2 (Fortsetzung)

Dienstleistung	Weshalb bietet die Serviceberatung die Leistung nicht an?	Lösung
Kleben Steinschläge	Es kann sein, dass es bei einem Serviceberater einmal vorgekommen ist, dass eine Windschutzscheibe bei der Steinschlagreparatur gerissen ist. Dabei kann das Vertrauen in diese Dienstleistung erschüttert worden sein	Die Leitung Kundendienst bespricht dieses Thema mit dem Serviceberater und akzeptiert seine Haltung, bittet aber aufgrund der Kompetenz der Techniker, ihnen wieder zu vertrauen und Steinschlagreparaturen zu verkaufen
Versicherungsschäden	Will sie nicht anbieten, weil Kunden nach der Instandsetzung immer wieder reklamieren	Leitung Kundendienst klärt mit Leitung Spenglerei die Qualität der Instandsetzungen
Fahrzeugverkauf	Kunde entscheidet sich, sein Fahrzeug nicht mehr reparieren zu lassen. Die Serviceberatung leitet diesen Kunden nicht in die Verkaufsabteilung weiter, weil die Verkäufer die Serviceberatung respektlos behandelt	Leitung Kundendienst und Leitung Verkauf setzen Maßnahmen für eine bessere Zusammenarbeit zwischen den Abteilungen. Hilft diese Maßnahme nicht, dann kann externe Unterstützung in Form von Teambuilding helfen
Garantieverlängerungen	Schlechte Information und zu viel Aufwand	Leitung Werkstatt stellt Information und Zeit für die Durchführung sicher
Reifen	Sind sowieso nicht lagernd	Leitung Kundendienst klärt mit Leitung Teileverkauf die Verfügbarkeiten von Reifen

(Fortsetzung)

Tab. 3.2 (Fortsetzung)

Dienstleistung	Weshalb bietet die Serviceberatung die Leistung nicht an?	Lösung
Beratung allgemein	Ich habe keine Zeit	Leitung Kundendienst klärt, ob der Serviceberater ineffizient arbeitet oder tatsächlich keine Zeit für das Anbieten der Autohaus-Dienstleistungen ist. Hilft diese Maßnahme nicht, kann externe Unterstützung in Form von Zeitmanagement in der Serviceberatung helfen
Beratung allgemein	Alle Kunden kommen gleichzeitig	Leitung Kundendienst klärt die Terminkoordination und schult das Team. Findet die Leitung Kundendienst nicht selbst die Lösung, kann sie sich Unterstützung von außen holen
Beratung allgemein	Mich nervt alles. Nichts funktioniert und die Kunden sind unzufrieden	Die Leitung Kundendienst lernt, die Mitarbeitenden zu motivieren und klare Prozesse einzuführen. Sie lernt, für zufriedene Kunden und Mitarbeitende zu sorgen. Da helfen Führungskräfteentwicklung sowie Prozessberatung

Alle Mitarbeitenden im Kundendienst *müssen* absolute Dienstleister sein. Mit Mitarbeitenden, die Kunden als Belastung erleben, werden weder die Geschäftsführung noch die Kunden glücklich sein.

Gleichzeitig erleben die Mitarbeitenden im Kundendienst immer wieder schwierige Gesprächssituationen mit Kunden. Da braucht es Unterstützung. Für die Mitarbeitenden ist es eine große Erleichterung, wenn von der Leitung gesehen wird, dass manche Kunden und Gespräche schwierig sind. Diese Anerkennung kann für Mitarbeitende schon entlastend sein. Reicht das nicht, kann die Leitung Kundendienst die Mitarbeitenden in der Gesprächsführung schulen. Ist die Schulung der Gesprächsführung nicht die Aufgabe der Leitung Kundendienst, dann holen Sie sich Kommunikationstraining ins Haus. Es dient der Ertragssteigerung, die Mitarbeitenden im Kundendienst laufend kommunikativ zu schulen oder ihnen Kommunikationstrainings mit externen Trainern anzubieten.

Was Sie in diesem Kapitel erreicht haben:

- Jetzt weiß die Leitung Kundendienst, wie sie als Führungskraft agiert und sich mit den schwierigen Themen im Kundendienst auseinandersetzt,
- was sie tun kann, um so wenig offene Aufträge wie möglich im System zu haben.
- wie sie die Abrechnung optimiert,
- wie sie die Serviceberatung motiviert, um alle Dienstleistungen des Autohauses anzubieten und
- wie sie Mitarbeitende bei schwierigen Kundengesprächen unterstützt.

4

Unternehmenszahlen aus der Garantieabteilung

Was Sie aus diesem Kapitel mitnehmen

- Die Geschäftsführung erfährt, wie der Wert der abgerechneten Garantien ins Verhältnis zum Personalaufwand gesetzt werden kann.
- Sie erkennt aufgrund der Auftragshöhe der einzelnen Garantieaufträge den Aufwand als Grundlage für das weitere Vorgehen mit dem Hersteller.
- Die Geschäftsführung lernt, dass die Beobachtung der offenen Garantieaufträge zur Ertragssteigerung ‚Erlöse Garantie' beiträgt und
- ob es Lernfelder in der Garantieabrechnung gibt.

Nach dem Organigramm (Abb. 1.4) ist ersichtlich, wer die Aufgabe innehat, Garantien abzurechnen. Je nach Unternehmen ist diese Funktion der Leitung Kundendienst oder der Leitung Werkstatt unterstellt.

Für mehr Ertrag im Autohaus beschäftigen sich die Geschäftsführung und die jeweilige Leitung mit den Zahlen aus der Garantieabteilung. Die Garantieaufträge ergeben sich hauptsächlich aus

- Garantie während der vom Hersteller gewährten Standardgarantie,
- Garantieverlängerung,

- Serviceaktionen,
- Kulanz,
- Ersatzteilgarantie.

Je nach Unternehmensgröße geschieht die Garantiesachbearbeitung entweder durch eine Vollzeitkraft oder ein Mitarbeitender führt die Garantieabrechnung zusätzlich zu einer anderen Aufgabe durch. Kleinere Autohäuser kaufen eventuell die Leistung der Garantieabrechnung von einer externen Fachkraft hinzu. Die Abrechnung der Garantien ist eine eigene Profession. Eine kompetente und erfahrene Fachkraft kann hier viel Ertrag erwirtschaften. Mehr Ertrag zu erwirtschaften ist durch die Kenntnis der Arbeitsabläufe und vom Hersteller vorgegebenen Arbeitszeiten für Garantiearbeiten möglich.

Die Zahlen aus der Garantieabteilung sind:

- Wert der abgerechneten Garantien und
- Anzahl der Garantieaufträge,
- offene Aufträge Garantie.

Ich will was tun

Unter dem Motto „Ich will was tun" stellt Ihnen dieses Kapitel die Anleitung 17 (Abschn. 4.2.1) zur Verfügung, um Ihnen zu helfen, die Ertragssteigerung in Ihrem Autohaus nachhaltig zu implementieren:

- Die Geschäftsführung bekommt aus dem Händlersystem den Wert der abgerechneten Garantieanträge und vergleicht diese mit den Erträgen in der Saldenliste.
- Die Anzahl der Garantieaufträge kann dem Personalaufwand gegenübergestellt werden.
- Die offenen Garantieaufträge zeigen der Geschäftsführung eventuelle Lernfelder der Garantiesachbearbeitung an.

4.1 Wert der abgerechneten Garantien und Anzahl der Garantieaufträge

Die Gegenüberstellung von Ertrag und Aufwand ist bei den Garantien sinnvoll. Die Geschäftsführung erhebt aus der Buchhaltung den Wert der abgerechneten Garantien. Diesen Wert erhält die Geschäftsführung von der Buchhaltung aus der Saldenliste in der Kontenklasse 4. Gemeinsam mit der Personalverrechnung berechnet die Geschäftsführung den Personalaufwand der Garantiesachbearbeitung. Mit der Gegenüberstellung von Aufwand und Ertrag bekommt die Geschäftsführung ein Gefühl für die Ertragslage der Garantien. Ist der Aufwand höher als der Ertrag, sucht die Geschäftsführung nach Strategien für die Senkung der Kosten. Beispielsweise könnte das Gespräch mit dem Hersteller gesucht werden, um den hohen Aufwand zu klären. Oder es könnte sein, dass weniger Garantien anfallen und aus diesem Grund die Garantiesachbearbeitung andere Aufgaben übernehmen kann, um ausgelastet zu sein.

4.2 Offene Aufträge Garantie

Die Geschäftsführung beobachtet die offenen Aufträge Garantie. Es gibt zwei Arten, wie Garantien abgerechnet werden: Entweder werden sie über das Händlersystem gekoppelt mit dem Herstellersystem abgerechnet. Dabei ist sichergestellt, dass die Garantieaufträge abgerechnet werden. Oder die Einreichung der Garantien ist vom Händlersystem unabhängig. Das heißt, dass die Garantieaufträge zuerst im Händlersystem als Garantieauftrag abgerechnet werden. Danach werden diese Aufträge im Herstellersystem als Garantie eingereicht. In diesem Fall stellt die Geschäftsführung den Wert der abgerechneten Garantien im Händlersystem mit dem Wert der abgerechneten Garantien im Herstellersystem gegenüber. Diese Werte sollten ähnlich sein. Sind sie das nicht, dann kann es sein, dass vergessen wurde, Garantieaufträge im Herstellersystem abzurechnen. Diese Beobachtung wird dann mit der Sachbearbeitung besprochen und geklärt.

Bei der Beobachtung der offenen Garantieaufträge ist für die Geschäftsführung zusätzlich zu erkennen, ob die Garantiesachbearbeitung entweder Lernfelder hat oder die Zusammenarbeit mit der Technik mangelhaft ist.

4.2.1 Anleitung 17 – Ich will was tun – Beobachtung der Zahlen in der Garantie

Hier wird empfohlen, dass die Geschäftsführung die Zahlen erhebt, die die Leitung nicht erheben kann. Danach ist es sinnvoll gemeinsam Strategien für eine Veränderung zu entwickeln oder bei Zahlen ohne Handlungsbedarf einen Termin für eine wiederkehrende Prüfung zu vereinbaren (Tab. 4.1).

Die Garantieabrechnung ist ein wesentlicher Bereich in der Zusammenarbeit mit dem Hersteller. Entsprechen die Garantieabrechnungen bei einer eventuellen Überprüfung der Garantieaufträge durch den Hersteller nicht den Vorgaben, können Rückforderungen vonseiten des Herstellers erfolgen. Das verringert im Nachhinein den Ertrag aus Garantieleistungen.

Es kann sein, dass die Garantieabrechnung im Autohaus etwas stiefmütterlich behandelt wird. Oft ist es nur die mangelnde Kenntnis um die Bearbeitung der Garantien. Wenn die Geschäftsführung mit der Beobachtung der Zahlen aus der Garantie beginnt, kann das Spaß machen. Die bewusste Auseinandersetzung mit diesem Thema bringt Sicherheit und mehr Ertrag für das Autohaus. Möchte sich die Geschäftsführung nicht mit diesem Thema beschäftigen, kann die Beratung dafür von außen zugekauft werden.

Ways Sie in diesem Kapitel erreicht haben

- Die Geschäftsführung hat die Aufgaben der Garantieabteilung kennengelernt,
- die Garantiesachbearbeitung weiterentwickelt und
- weiß, wie sie bewusst Lösungen für mehr Ertrag findet.

Tab. 4.1 Beobachtung der Zahlen in der Garantie

Die Garantiesumme	Vergleichen Sie die Summe der abgerechneten Garantien. Die Periode legt die Geschäftsführung fest. Gibt es starke Veränderungen kann bei der Garantiesachbearbeitung hinterfragt werden, welche Gründe es für die unterschiedliche Summe gibt
Händlersystem vs. Herstellersystem	Bei manchen Herstellern ist das Garantieabrechnungssystem nicht mit dem Händlersystem gekoppelt. Dabei kann es passieren, dass die Abrechnung vergessen wird. Das können Sie nur mit der Summe der Garantieabrechnungen Händlersystem dieser Marke und der Rückvergütung Garantien dieser Marke gegenvergleichen
Arbeitszeiten auf Garantieauftrag	Beim Garantieantrag sind alle Arbeitsschritte auch in Arbeitszeiten abzurechnen. Dabei ist die Information vonseiten der Technik wichtig. Auch sorgt eine erfahrene und kompetente Garantiesachbearbeitung für mehr Ertrag.
Abrechnungshöhe je Auftrag	Garantieaufträge können vom Wert 15 € oder 15.000 € betragen. Wird ein Auftrag mit hohem Wert nicht vergütet, dann entsteht ein großer Schaden. Es kann sich lohnen der Garantiesachbearbeitung den Auftrag zu erteilen, dass Aufträge mit großem Ersatzteil- und Arbeitsaufwand zuerst bearbeitet werden. Dabei zahlt sich der sachliche und fachliche Austausch mit der Garantiesachbearbeitung aus
Kompetenz in der Abrechnung	Beschäftigt sich die Geschäftsführung mit den Zahlen aus der Garantie und bespricht sie diese mit der Sachbearbeitung kann daraus die Offenheit entstehen, dass Lernfelder gesehen werden und diese mittels Schulungen geschlossen werden
Offene Garantieaufträge	Offene Garantieaufträge könnten sich aus der Unsicherheit bei der Abrechnung und Einreichung ergeben. Dann kann die Geschäftsführung fragen, welche Form der Unterstützung für die Garantiesachbearbeitung hilfreich ist
	Offene Garantieaufträge kann auch bedeuten, dass die Informationen aus der Technik fehlen. Da erkennt die Geschäftsführung, dass entweder die Technik in Bezug auf Garantien ein Lernfeld hat oder die Zusammenarbeit zwischen Technik und Garantie verbessert wird

5

Unternehmenszahlen aus der Personalverrechnung

Was Sie aus diesem Kapitel mitnehmen

- Als Geschäftsführung und Leitungen im Autohaus setzen Sie auf Kommunikationsentwicklung und gewinnen damit motivierte Mitarbeitende.
- Sie entwickeln Strategien für die Gesundheit der Mitarbeitenden und reduzieren die Fluktuation im Autohaus.
- Sie legen Augenmerk auf offene Urlaube der Mitarbeitenden und können schließlich Urlaubsrückstellungen auflösen.

Dieses Kapitel geht auf zwei Zahlenwerte aus der Personalverrechnung ein: die Zahlen der *Fluktuation* und der *Krankenstandstage*. Es ist sinnvoll, dass sich die Geschäftsführung vorab allein aus eigener Beobachtung mit diesem Thema beschäftigt.

Dass Krankenstände und Fluktuation Geld kosten, ist der Geschäftsführung klar. Schon die Begriffe Krankenstand und Fluktuation sind negativ besetzt. Für einen neuen Zugang zu diesen Begriffen wird die „Positive Handlungssprache" herangezogen. Denn solange ein Begriff

© Der/die Autor(en), exklusiv lizenziert an Springer Fachmedien Wiesbaden GmbH, ein Teil von Springer Nature 2026
H. Strauß, *Quick Guide: Mehr Ertrag für Ihr Autohaus*, Quick Guide,
https://doi.org/10.1007/978-3-658-49889-4_5

Negativität ausstrahlt, ist die Haltung dazu negativ. Diese Negativität verhindert das Finden neuer Lösungen.

Ich will was tun

Unter dem Motto „Ich will was tun" stellt Ihnen dieses Kapitel zwei Anleitungen zur Verfügung, um Ihnen zu helfen, die Ertragssteigerung in Ihrem Autohaus nachhaltig zu implementieren:

- Mit der Bearbeitung der Anleitung 18 (Abschn. 5.1) können Sie als Geschäftsführung und Leitung zeigen, dass Ihnen die Kommunikation im Team wichtig ist und Sie wissen, was Sie für die positive Kommunikation im Autohaus tun können.
- Mit der Bearbeitung der Anleitung 19 (Abschn. 5.2.1) können Sie konkrete Maßnahmen zur Gesunderhaltung Ihrer Mitarbeitenden im Autohaus ermitteln.

5.1 Anleitung 18 – Ich will was tun – Positive Handlungssprache

Hier eine Anleitung für die „Positive Handlungssprache", die allgemein eingeführt im Autohaus für mehr und ein besseres Miteinander sorgt.

Mithilfe dieser Anleitung erkennt die Geschäftsführung, dass eine neue Form der Sprache eine konstruktive Haltung und ein friedlicheres Miteinander im Autohaus fördert. Die Geschäftsführung geht als Vorbild voran (Tab. 5.1).

5.2 Anzahl der Krankenstandtage

Erkranken Mitarbeitende, hat die Geschäftsführung Verständnis dafür. Gleichzeitig weiß die Geschäftsführung, dass manche Krankenstände nicht auf einer Erkrankung basieren. In jedem Fall sind erkrankte Mitarbeitende nicht im Autohaus präsent und fehlen. Die Geschäftsführung oder die Leitung haben die Aufgabe, die Vertretung dieser Mitarbeitenden zu organisieren. Das ist für die Betroffenen ein Mehraufwand und kann bei langen oder häufigen Krankenständen sogar eine Belastung darstellen.

Tab. 5.1 Positive Handlungssprache

Alltagssprache	Positive Handlungssprache
Ich verstehe nicht, warum die Leute immer krank sind	Was kann ich für die Gesundheit der Mitarbeitenden im Autohaus tun?
Ich habe Angst, das Thema Krankenstand anzusprechen	Ich bedaure, dass es mir nicht erlaubt ist, mit meinen Mitarbeitenden über Erkrankungen zu sprechen. Durch das Lesen dieses Kapitels über Krankenstandstage gewinne ich mehr Verständnis für dieses Thema
Mich nervt die heutige Arbeitsmoral und ich will nicht immer neue Mitarbeitende suchen	Ich wünsche mir Engagement der Mitarbeitenden und stelle mir die Frage, was ich für ein stabiles Team tun kann
Ich bin sicher nicht schuld, wenn Mitarbeitende kündigen!	Ich möchte mehr Selbstsicherheit in der Mitarbeiterführung
Krankenstand	Mir ist die Gesundheit der Mitarbeitenden wichtig
Fluktuation	Mir ist ein stabiles Team wichtig

Die Krankenstandstage beeinflussen den Ertrag im Autohaus, weil der Personaleinsatz auf durchschnittliche Vertretungen im Urlaubs- und Krankenstandsfall ausgelegt ist. Häufen sich die Krankenstände, kann es sein, dass der normale Ablauf nicht gesichert ist. Je nachdem, welche Mitarbeitende im Krankenstand sind, können Kundenzufriedenheit, Qualität, Zusammenarbeit, Ordnung etc. darunter leiden.

Was kann die Geschäftsführung im Falle von erkrankten Mitarbeitenden tun? Bei hohen Krankenständen wird es schwierig für die Geschäftsführung, denn es ist eigentlich nicht erlaubt, die Mitarbeitenden nach ihrer Krankheit zu fragen. Es ist ein Unterschied, ob ein Mitarbeitender eine Grippe oder eine Krebserkrankung hat. Gleichzeitig ist es die Aufgabe der Geschäftsführung, für Vertretungen zu sorgen. Allgemein könnte sich die Geschäftsführung bei einem Ansteigen der Krankenstandstage damit auseinandersetzen, etwas für die Gesundheit der Mitarbeitenden zu tun. Sie könnte den Mitarbeitenden beispielsweise eine kostenlose Grippeimpfung kostenlos anbieten und Mitgliedschaften für das Fitnessstudio (mit)zahlen. Sie könnten auch Supervision anbieten und damit etwas für die psychische Gesundheit tun. Auch die Suchtprävention (Alkohol, Rauchen, Drogen) könnte thematisiert werden.

Die Geschäftsführung könnte auch nachfragen, ob die Mitarbeitenden selbst Ideen und Wünsche für ihre Gesunderhaltung haben. Verringern diese Maßnahmen die Krankenstände, dann haben Sie gewonnen. Des Weiteren können Sie diese Maßnahmen auch in Stellenanzeigen als Benefit von der Unternehmensseite geltend machen. Als Anregung könnte auch eine Sportchallenge den Teamgeist im Unternehmen erhöhen.

Es gibt Krankenstände, die nicht aufgrund einer Erkrankung entstehen. Gründe dafür können sein:

- Überforderung
- Unterforderung
- Nervender Chef
- Nervende Kollegen
- Frustration

Überforderung …

… kann Mitarbeitende in den Krankenstand treiben. Ist ein Mitarbeitender mit zu viel Arbeit, zu viel Druck oder zu vielen Problemen konfrontiert, dann kann das zum Krankenstand führen. In diesem Fall ist es wichtig, dass die jeweilige Führungskraft die Überforderung erkennt. Das ist mitunter gar nicht so einfach. Da braucht es empathische Führungskräfte, die die Überforderung erkennen und dann für den Mitarbeitenden lösen.

Unterforderung …

… kann Mitarbeitende in den Krankenstand treiben. Haben Mitarbeitende im Autohaus nichts zu tun oder verrichten sie dauerhaft eine eintönige und einfache Tätigkeit, dann können sie sich nicht gebraucht fühlen oder gelangweilt sein. Auch hier ist es wichtig, dass die Führungskraft die Unterforderung erkennt. Da braucht es Führungskräfte, die mit diesen Mitarbeitenden offen reden und mit diesen eine Lösung erarbeiten.

Ein nervender Chef …

… kann Mitarbeitende in den Krankenstand treiben. Macht eine Führungskraft Druck, ist sie respektlos oder unfair, dann sind Mitarbeitende verärgert. Das kann dazu führen, dass die Mitarbeitenden ihre

Arbeit nicht mehr machen wollen oder krank werden. Das ist für die Führungskraft besonders schwierig. Denn wer gesteht sich schon gerne ein, dass die Mitarbeitenden wegen ihm oder ihr nicht zur Arbeit kommen wollen. Da braucht es Führungskräfte, die mutig sind und sich in Mitarbeiterführung, Kommunikation und Delegieren weiterentwickeln.

Mit nervenden Kollegen …

… ist ein schlechtes Betriebsklima gemeint. Es kann sein, dass Mitarbeitende untereinander fachliche oder organisatorische Missverständnisse haben, die zu Unstimmigkeiten führen. Unterstützen sich die Mitarbeitenden untereinander nicht, oder arbeiten sogar gegeneinander, dann können daraus Krankenstände entstehen. Die Mitarbeitenden stehen nicht füreinander ein. Da ist die Geschäftsführung gefragt und veranlasst am besten Teambuilding für die Mitarbeitenden.

Frustration …

… entsteht, wenn Mitarbeitende nicht gehört werden. Das passiert, wenn Mitarbeitende Ideen einbringen, Verbesserungen vorschlagen oder um Schulungen bitten und bei der Führung kein Gehör finden. Dann wird diese Frustration entweder zu Dienst nach Vorschrift oder zu Krankenständen. Die Führung ist in diesem Fall gefordert, Vorschläge von Mitarbeitenden ehrlich zu prüfen und gegebenenfalls umzusetzen bzw. bei Bitten um Schulungen, diese zu ermöglichen.

Die vorgenannten Themen können zu einem Krankenstand mit psychischer Belastung führen.

Die Entwicklung von Führungskräften ist eine wirksame Maßnahme, um vonseiten der Geschäftsführung für die Gesundheit der Mitarbeitenden etwas zu tun. Gleichzeitig darf bitte niemand erwarten, dass diese Entwicklung in einer einzigen Schulung möglich wäre. Das ist ein laufender Prozess, den eine Führungskraft bereit ist, einzugehen. Das kann Jahre dauern und ist ein langsames Wachsen. Trotzdem bringt das unglaublich viel. Es bringt der Führungskraft *und* den Mitarbeitenden mehr Freude im Arbeitsalltag.

Werden all diese Umstände nicht gesehen, kann aus Krankenständen die Fluktuation entstehen. Und spätestens diese kostet Geld.

Durch die Beobachtung der Krankenstandtage erkennt die Geschäftsführung mit den Leitungen die Themen von Mitarbeitenden.

Die Geschäftsführung bittet die Personalverrechnung um die Auflistung der Krankenstandtage je Mitarbeitenden und Jahr. Anhand des Beispiels in Tab. 5.2, 5.3 und 5.4 wird das Prinzip erklärt und Sie können dann bei der Anleitung 19 (Abschn. 5.2.1) danach vorgehen.

Zuerst wird die Liste der Mitarbeitenden, die im Krankenstand waren, erstellt. Es folgt die Anzahl der Krankenstandtage. Danach erhebt die Geschäftsführung gemeinsam mit der Führungskraft, weshalb dieser Mitarbeitende im Krankenstand war: Handelte es sich tatsächlich um eine Erkrankung oder eine psychische Belastung? Dabei kann nur die

Tab. 5.2 Beispiel Krankenstandtage und Art der Erkrankung

Name Mitarbeitender	Anzahl Krankenstandtage	Nach Meinung der Führungskraft, war es eine Erkrankung „E" oder eine psychische Belastung „P"?
Maier	7	E
Gruber	15	P
Jusic	20	E
Müller	5	E
Rosner	90	E
Dragovic	2	E
Glück	60	P
Rossini	14	P
Huber	10	E
Patak	13	P

Tab. 5.3 Beispiel Krankenstandtage und Abteilungszugehörigkeit

Name Mitarbeitender	Grund	Abteilung
Maier	Fiebrige Erkältung	Verkauf
Gruber	Überlastung	Kundendienst
Jusic	Kreuz verrissen	Technik
Müller	Fiebrige Erkältung	*Spenglerei*
Rosner	Krebs	Kundendienst
Dragovic	Krank	Verkauf
Glück	Unfall, Motivation	Technik
Rossini	Theama mit Führung	*Spenglerei*
Huber	Grippe	Leitung Verkauf
Patak	Teamklima, Kompetenzüberlastung	*Spenglerei*

Tab. 5.4 Beispiel Krankenstandtage und Lösungsansätze

Name	Grund	Abteilung	Lösungsansätze
Gruber	Überlastung	Kundendienst	Bei Überlastung ist ein individuelles Coaching mit dem Mitarbeitenden sinnvoll. Woher kommt die Überlastung? Wie kann geholfen werden?
Rosner	Krebs	Kundendienst	–
Huber	Grippe	Leitung Verkauf	Das Unternehmen könnte allgemein die Kosten für eine Grippe-Impfung übernehmen
Müller	Fiebrige Erkältung	Spenglerei	–
Rossini	Thema mit Führung	Spenglerei	Klärung mit Führung, eventuell kann ein mediatives Gespräch mit dem Mitarbeitenden und der Führung Klarheit auf beiden Seiten schaffen. Dabei wird die Situation von beiden Seiten gesehen und das kann wieder die Basis für eine gute Zusammenarbeit bringen
Patak	Teamklima, Kompetenzüberlastung	Spenglerei	Teambuilding für die Spenglerei; Braucht der Techniker vielleicht Schulungen? – Nachfragen, wie der Techniker entlastet werden kann
Jusic	Kreuz verrissen	Technik	Es könnte das richtige Heben und Tragen wieder in Erinnerung gerufen werden
Glück	Unfall, Motivation	Technik	Mitarbeitergespräch – es kann für Mitarbeitende erleichternd sein, wenn sie gefragt werden, ob ihnen die Arbeit gefällt. Vielleicht kann sich dabei ergeben, dass der Mitarbeitende mit der derzeitigen Arbeit unglücklich ist. Bei so einem Gespräch kann herauskommen, dass sich der Mitarbeitende für eine Tätigkeit in einer anderen Abteilung des Autohauses interessiert, sich aber bisher nicht getraut hat, das anzusprechen.
Maier	Fiebrige Erkältung	Verkauf	–
Dragovic	Krank	Verkauf	–

Meinung erhoben werden, denn es ist der Führung nicht erlaubt, die Mitarbeitenden nach der Erkrankung zu fragen!

Jetzt kann nur nach Vermutungen vorgegangen werden.

- Maier war 7 Tage krank, was glauben Sie, hatte er? – Ich glaube er hatte eine fiebrige Erkältung, weil er schon am Vortag gehustet hat.
- Gruber war 15 Tage krank, was glauben Sie, hatte er? – Er war schon länger ausgelaugt und abwesend, ich glaube er hat sich überarbeitet.
- Jusic war 20 Tage krank, was glauben Sie, hatte er? – Er hat sich das Kreuz verrissen.
- Müller war 5 Tage krank, was glauben Sie, hatte er? – Es waren 2 Krankenstände, einmal 2 Tage und einmal 3 Tage – soweit ich das beurteilen kann, waren das fiebrige Erkältungen.
- Rosner war 90 Tage krank, was glauben Sie, hatte er? – Er hatte leider eine Krebsdiagnose und deshalb war er so lange krank.
- Dragovic war 2 Tage krank, was glauben Sie, hatte er? – Er war einfach krank.
- Glück war 60 Tage krank, was glauben Sie, hatte er? – Er sagte, er hatte einen Unfall, und ehrlich gesagt glaube ich, dass er den Job einfach nicht mehr wirklich machen will.
- Rossini war 14 Tage krank, was glauben Sie, hatte er? – Ich hatte mit ihm einen Streit. Er wollte eine Aufgabe, die ich ihm aufgetragen hatte, nicht erledigen! Am nächsten Tag ist er nicht mehr gekommen und war 14 Tage im Krankenstand.
- Huber war 10 Tage krank, was glauben Sie, hatte er? – Er hatte einen grippalen Infekt.
- Patak war 13 Tage krank, was glauben Sie, hatte er? – Es ist so miese Stimmung im Team und er beschwert sich dauernd, dass er die schwierigsten Arbeiten bekommt.

Nach dieser vertraulichen Erhebung tragen Sie die Gründe und die Abteilungszugehörigkeit der jeweiligen Mitarbeitenden ein (Tab. 5.3).

Die Spalte Abteilung wird sortiert. In die vierte Spalte können Lösungsansätze eingetragen werden. Die Lösungsansätze werden in Tab. 5.4 dargestellt.

In Beispiel der Tab. 5.2, 5.3 und 5.4 erkennt die Geschäftsführung, dass Handlungsbedarf besteht. Es kann sein, dass die Geschäftsführung sich scheut, die Gespräche zu führen. In der Praxis kann die Geschäftsführung mit solchen Gesprächen schlechte Erfahrungen gemacht haben. Dafür braucht sie eine ausgeprägte Kommunikationskompetenz. Ist die Geschäftsführung unsicher, kann sie externe Unterstützung in Form von Gesprächsvorbereitung organisieren. Dabei wird zuerst geklärt, um welches Thema es sich genau handelt. Dann werden die notwendigen Gesprächsbeteiligten eruiert. Es werden Ziele für das Gespräch vorgeschlagen. Zuletzt werden die möglichen Lösungen erarbeitet. Das gibt der Geschäftsführung die Sicherheit, klar und mit einem Ziel in das Gespräch zu gehen.

Der Krankenstand kann ein echtes Tabu-Thema sein. Es wird empfohlen, dieses Thema langsam anzugehen. Weniger ist mehr. Bitte verfallen Sie auch nicht in den Glauben, dass Sie mit den Gesprächen alle Probleme lösen. Die Gespräche sind ein Anfang, wenn die Geschäftsführung für sich erkennt, dass diese Gespräche notwendig sind und vorbereitet werden sollten. Denn Mitarbeitende können sich durch so ein Gespräch auch angegriffen fühlen. Deshalb beginnen Sie einfach einmal mit den Vorbereitungsarbeiten für die Anleitung 19. Schon die Art der Krankenstände herauszufinden ist eine Aufgabe, bei der die allerhöchste Sensibilität an den Tag gelegt werden sollte.

Vorab ist eine Lösungssuche auch schon ein großer Teil der Auseinandersetzung mit dem Thema Gesundheit der Mitarbeitenden. Die Gesprächsführung schlussendlich ist etwas für geübte Kommunikationsprofis.

5.2.1 Anleitung 19 – Ich will was tun – Gesundheit der Mitarbeitenden

Mitarbeitende gehen nicht zum Spaß in den Krankenstand. Es gibt immer Gründe, weshalb Mitarbeitende zu dieser Maßnahme greifen. Mit echter Anteilnahme lernt die Geschäftsführung, diesen Umstand zu beobachten.

Nach dem Beispiel von Tab. 5.2 trägt die Geschäftsführung in Tab. 5.5 die Namen der erkrankten Mitarbeitenden, die Anzahl der Krankenstandtage sowie die Art der Erkrankung ein.

Nach dem Beispiel von Tab. 5.3 trägt die Geschäftsführung in Tab. 5.6 die Namen der erkrankten Mitarbeitenden ein, die vermutete Ursache sowie die Abteilungszugehörigkeit .

Nach dem Beispiel von Tab. 5.4 wird die Spalte Abteilung sortiert. In die 4. Spalte können Lösungsansätze eingetragen werden. (Tab. 5.7)

Die Lösungsansätze sollten mit Bedacht gefunden und der Umgang damit höchst sensibel gestartet werden. Es müssen nicht immer Gespräche mit den Mitarbeitenden geführt werden. Die Lösungen können sich auch so gestalten, dass eine Änderung im Unternehmen oder Team eingeleitet wird, ohne dass der Zusammenhang mit einer Erkrankung erkenntlich ist.

5.3   Art und Anzahl der Fluktuation

Als Fluktuation von Personal bezeichnet man das Ausscheiden von Mitarbeitenden aus dem Autohaus. Die *natürliche Fluktuation* ist das Ausscheiden eines Mitarbeitenden aufgrund eines Ereignisses im Leben des Mitarbeitenden: z. B. befristete Dienstverträge, Bildungskarenz, Karenz, Altersteilzeit, Pensionsantritt, Ableben.

Tab. 5.5 Muster Krankenstandtage und Art der Erkrankung

Name Mitarbeitender	Anzahl Krankenstandtage	Nach Meinung der Führungskraft, war es eine Erkrankung „E" oder eine psychische Belastung „P"?
…	…	…
…	…	…
…	…	…
…	…	…
…	…	…
…	…	…
…	…	…
…	…	…
…	…	…
…	…	…

Tab. 5.6 Muster Krankenstandtage und Abteilungszugehörigkeit

Name Mitarbeitender	Grund	Abteilung
...	...	...
...	...	...
...	...	...
...	...	...
...	...	...
...	...	...
...	...	...
...	...	...
...	...	...
...	...	...

Tab. 5.7 Muster Krankenstandtage und Lösungsansätze

Name	Grund	Abteilung	Lösungsansätze
...			
...			
...			
...			
...			
...			
...			
...			
...			

- *Unternehmensinterne Fluktuation* wird ein Stellenwechsel innerhalb eines Unternehmens genannt: z. B. Wechsel im Team, Abteilungswechsel, Beförderung.
- *Unternehmensfremde Fluktuation* entsteht durch die Kündigung von Mitarbeitenden.

Jede Art der Fluktuation ist eine organisatorische und menschliche Veränderung. Auf die natürliche und unternehmensinterne Fluktuation kann sich das Unternehmen einstellen. Die unternehmensfremde Fluktuation hingegen stellt für das Unternehmen eine Herausforderung dar.

Der Arbeitsmarkt ist zu einem Arbeitnehmermarkt geworden. Wenige Bewerber für eine ausgeschriebene Stelle verursachen Verunsicherung. Kann eine Funktion nicht rasch nachbesetzt werden, stört das die

Prozesse. Kann ein produktiver Mitarbeitender nicht nachbesetzt werden, können weniger Kundenaufträge bearbeitet werden. Das verringert die Erträge. Deshalb ist es ratsam, die Fluktuation im Auge zu behalten. Die Geschäftsführung beobachtet die Austritte der Mitarbeitenden. Sind in einem Team mehr Austritte zu vermerken, setzt die Geschäftsführung Maßnahmen zur Prävention der Fluktuation.

Prävention von Fluktuation

Fluktuations-Prävention ist ein Teil der Mitarbeitenden-Führung. Führungskräfte sind bestrebt, die im Team beschäftigten Mitarbeitenden zu halten.

Fluktuations-Prävention ist wichtig, weil die verschiedenen Funktionen im Autohaus wie Zahnräder ineinanderlaufen. Entfallen Mitarbeitende, dann ist der Lauf des Unternehmens gestört.

In der Vergangenheit haben Unternehmen rasch Ersatz für ausscheidende Mitarbeitende gefunden. Derzeit gibt es wenige Bewerberinnen am Arbeitsmarkt.

> Einige Geschäftsführungen verringern bei Personalmangel die Öffnungszeiten, oder sie setzen keine Maßnahmen, wenn sie zu wenig produktives Personal haben. Diese Strategie birgt die Gefahr, dass die Fixkosten zu hoch werden.

Diese Vorteile bringt ein stabiles Team:

- Die Kollegen kennen sich und wissen voneinander, wie sie „ticken".
- Für Kunden ist es einfacher, weil sie die Menschen, mit denen sie im Autohaus zu tun haben, namentlich kennen und eine Beziehung zu Ihnen aufgebaut haben.
- Die Mitarbeitenden wissen daher oft schon, was welcher Kunde wie möchte.
- Die Personalverrechnung hat weniger Arbeit für Anmeldungen, Abmeldungen etc.

- Die Geschäftsführung erspart sich Zeit, Frust und Geld bei der Suche nach Mitarbeitenden.
- Die Mitarbeitenden ersparen sich Zeit und Mühe, neue Kollegen einzuschulen.
- Die Mitarbeiter sind für Hersteller und Lieferanten erfahrene Partner.

Diese Vorteile bringt ein langfristiges Dienstverhältnis:

- Kollegen können zu Freunden geworden sein.
- Die Kundenansprache wird leichter und in schwierigen Situationen kann auf eine längere gute Zusammenarbeit zurückgeschaut werden und das gibt Sicherheit.
- Der Mitarbeitende und die Führung akzeptieren einander.
- Die Personalverrechnung hat weniger Arbeit bei der Abrechnung.
- Die Geschäftsführung erspart sich Zeit, Frust und Geld wegen der Mitarbeitersuche
- Die Mitarbeitenden sind kompetent und haben Kraft für Veränderungen

Geschäftsführungen gestehen sich die Fluktuation im Unternehmen ungern ein. Nach dem Motto „Man kann ja nicht jeden halten" schauen sie nicht auf die Fluktuation. Einerseits, weil es als persönlicher Misserfolg angesehen werden kann, wenn es in ihrem Bereich vermehrt Fluktuation gibt und andererseits, weil es als Misserfolg von Führungskräften angesehen werden kann, wenn die Fluktuation in den Teams stattfindet – und die Geschäftsführung ihnen helfen müsste, aber keine Lösung hat.

Bitte haben Sie den Mut, sich die Kündigungen von Mitarbeitenden anzuschauen. Seien Sie ehrlich und reflektieren über die Entscheidung von Mitarbeitenden, das Unternehmen zu verlassen. Da dies ein schwieriges Thema für die Geschäftsführung oder Führungskräfte sein kann, ist es sinnvoll, das mit externer Unterstützung anzugehen. Hoffentlich haben Sie einen externen kompetenten Sparringpartner, mit dem Sie im Coaching-Prozess das Thema Fluktuation aufarbeiten. Im Coaching-Prozess führen Sie ein vertrauliches Gespräch über das, was Sie für ein stabiles Team tun können. Aus den Erkenntnissen der Vergangenheit entwickeln Sie Strategien für die Zukunft und sind dadurch motiviert, für ein stabiles Team zu sorgen.

5.4 Höhe der Urlaubsrückstellung

Im Autohaus hat jeder Mitarbeitende fünf Wochen Urlaub. Mitarbeitende mit 26 Dienstjahren haben 6 Wochen Urlaub. Grundsätzlich dient der Urlaub der Erholung. Trotzdem gibt es Gründe, weshalb Mitarbeitende ihren Urlaub nicht verbrauchen, dann wird dafür in der Bilanz eine Rückstellung gebildet. Es ist sinnvoll, die Rückstellungen von Urlaub so gering wie möglich zu halten.

• Urlaubsansprüche aus Vorperioden sind wegen der jährlichen Gehaltserhöhungen für das Unternehmen teurer.
• Haben Lehrlinge Urlaubsansprüche aus Vorperioden, sind diese teuer, weil die Gehaltssprünge von Lehrjahr zu Lehrjahr hoch sind.
• Im Werkstattbetrieb des Autohauses sind die Monate Januar bis März eine ruhigere Zeit. Die Geschäftsführung delegiert an die Leitungen im Autohaus, mit den Mitarbeitenden über den Abbau von Überstunden und Resturlaub zu reden, um die Urlaube für die Mitarbeitenden und das Autohaus passend abzubauen.
• Der Urlaub dient der Erholung. Erholte Mitarbeitende sind leistungsbereiter.
• Wenn Mitarbeitende kündigen oder gekündigt werden, kann es sein, dass sie erkranken. Erkrankte Mitarbeitende können in der Kündigungszeit keine Urlaubstage verbrauchen. Damit erhöht sich die Urlaubsersatzleistung.

Liebe Geschäftsführung, tun Sie etwas für die Gesundheit Ihrer Mitarbeitenden und sorgen Sie für ein stabiles Team. Führen Ihre Lösungsansätze nicht zum Ziel, nehmen Sie Unterstützung in Form von Coaching zum Thema Urlaubsrückstellungen in Anspruch.

Was Sie in diesem Kapitel erreicht haben

- Sie haben eine positive und informative Sicht auf das Thema Krankenstand gewonnen.
- Sie haben Lösungsansätze erhalten, was sie für die Gesundheit Ihrer Mitarbeitenden tun können.
- Sie akzeptieren, dass ein stabiles Team wichtig ist und tun etwas dafür.
- Sie sind bereit, die Führungskräfte für ein stabiles Team zu entwickeln.
- Sie wissen, wie Sie die Verringerung von Resturlaub angehen.

6

Unternehmenszahlen aus der Buchhaltung

Was Sie aus diesem Kapitel mitnehmen

- Als Geschäftsführung beobachten Sie alle aus der Buchhaltung relevanten Zahlen und setzen sich Ziele für die Verbesserung.
- Sie erfahren, dass die Zahlen aus der Buchhaltung eng mit dem Führungsteam verbunden sind.
- Sie gewinnen Freude an der Bearbeitung der Zahlen aus dem Autohaus.
- Mit der offenen Postenliste Kunden/Lieferanten, mit den Personalkosten, mit den Ertragskonten, mit den Wareneinsatzkonten und mit den Zahlen für Rückstellungen und Abschreibungen gehen Sie aktiv die Ertragssteigerung und Kostensenkung an.
- Die Geschäftsführung führt das Autohaus bewusst und kennt die Zahlen im Unternehmen und entwickelt klare Lösungen.

Die Funktion Buchhaltung ist eine Stabstelle im Unternehmen. Die Geschäftsführung führt die Buchhaltung. Die Zahlen aus der Buchhaltung kommen aus den Abteilungen. Aus diesem Grund arbeitet die Buchhaltung oft mit den Leitungen zusammen.

© Der/die Autor(en), exklusiv lizenziert an Springer Fachmedien Wiesbaden GmbH, ein Teil von Springer Nature 2026
H. Strauß, *Quick Guide: Mehr Ertrag für Ihr Autohaus*, Quick Guide, https://doi.org/10.1007/978-3-658-49889-4_6

Die Höhe der Außenstände von Kunden und Lieferanten verantworten die Leitungen Technik, Spenglerei, Ersatzteilverkauf und Verkauf. Die Höhe der Personalkosten kommt von der Personalverrechnung. Die Erträge kommen von Technik, Verkauf, Ersatzteilverkauf sowie Garantieabteilung. Der Wareneinsatz kommt vom Fahrzeughandel und Ersatzteilverkauf. Die Höhe der Rückstellungen bilden der Fahrzeughandel, der Ersatzteilverkauf sowie die Personalabteilung ab. Den Ertragswert im Fahrzeughandel stellt die Verkaufsabteilung sicher.

Diese Zusammenarbeit zwischen der Buchhaltung und den Abteilungen ist nicht immer harmonisch. Die Buchhaltung braucht sorgfältig aufbereitete Unterlagen für ihre Arbeit. Die Leitungen verstehen manchmal nicht, warum die Buchhaltung auf sorgfältigen Unterlagen besteht.

Die Buchhaltung hat die Aufgabe, für klares, zutreffendes und sorgfältig erstelltes Zahlenmaterial zu sorgen. Die Geschäftsführung beschäftigt sich dann mit diesen Zahlen. Aufgrund der Zahlen kann die Geschäftsführung Maßnahmen für die Vermeidung von Kosten oder Erhöhung der Erträge setzen.

Die folgenden Abschnitte stellen dar, mit welchen Zahlen aus der Buchhaltung die Geschäftsführung arbeitet:

- Höhe der Außenstände von Kunden und Lieferanten (Abschn. 6.1)
- Höhe der Personalkosten (Abschn. 6.2)
- Höhe der Erträge (Abschn. 6.3)
- Höhe des Wareneinsatzes (Abschn. 6.4)
- Höhe der Rückstellungen und Abschreibungen (Abschn. 6.5)
- Ertragswert Fahrzeughandel (Abschn. 6.6)

Ich will was tun

Unter dem Motto „Ich will was tun" stellt Ihnen dieses Kapitel eine Anleitung zur Verfügung, um Ihnen zu helfen, die Ertragssteigerung in Ihrem Autohaus nachhaltig zu implementieren:

- Mit der Bearbeitung der Anleitung 20 (Abschn. 6.1) können Sie konkrete Entscheidungen für den Personalaufwand im Autohaus treffen.

6.1 Höhe der Außenstände von Kunden und Lieferanten

Die Außenstände von Kunden sind in der offenen Postenliste Kunden ersichtlich. Wahrscheinlich bekommt die Geschäftsführung zumindest monatlich eine Liste von der Buchhaltung zur Ansicht. Es kann sein, dass Geschäftsführungen mit dieser Liste ungern konfrontiert werden, weil es einen Aufwand bedeutet. Vielleicht hat sich die Geschäftsführung auch noch nicht konkret mit dieser Liste beschäftigt. Auch da ist Potenzial für mehr Ertrag im Autohaus vorhanden.

Die Außenstände von Kunden können von Seiten Kundendienst, Ersatzteilverkauf, oder Fahrzeugverkauf stammen. Die Geschäftsführung kann wie folgt vorgehen: Für eine gute Übersicht könnte mit der Buchhaltung vereinbart werden, in welcher Form und wie oft die Liste zur Verfügung gestellt wird. In größeren Autohäusern könnte die Liste auf die drei vorgenannten Bereiche aufgegliedert ausgedruckt werden. Damit die Liste so kurz wie notwendig ist, könnte der Zeitraum bis eine Woche vor Listenerstellung datiert werden, damit die unmittelbaren Zahlungsvorgänge die Liste nicht unnötig verlängern.

Bei der Bearbeitung dieser Liste erkennt die Geschäftsführung,
- ob die Buchhaltung sorgfältig arbeitet und auf dem aktuellen Stand ist.
- wie sie mit der Buchhaltung das Mahnwesen organisieren kann: Ist es tatsächlich sinnvoll, wenn die Buchhaltung die Mahnungen schreibt? Könnte dabei die Zusammenarbeit mit den einzelnen Abteilungen nicht wichtig sein, um betroffene Kunden bei einer ungerechtfertigten Mahnung nicht zu verärgern?
- bei offenen Servicerechnungen, ob die Serviceaufträge bei Abholung des Fahrzeuges abgerechnet sind. Das ist notwendig, denn nachträglich versandte Rechnungen könnten vom Kunden nicht akzeptiert und damit nicht bezahlt werden. Das kostet Geld.
- bei offenen Ersatzteilrechnungen, ob Kunden Ersatzteile ohne sofortige Bezahlung ausgehändigt werden. Wenn ja, gibt es in dieser Abteilung ein Lernfeld. Es kann sogar sein, dass von Kunden, die Ersatzteile gekauft haben, nicht einmal die Daten vorhanden sind.

Dann kann nicht gemahnt werden und die Forderung ist uneinbringlich auszubuchen.

- bei offenen Fahrzeugrechnungen, ob der Verkauf bei der Rechnungslegung, der Rücknahme von Fahrzeugen und dem Geldfluss sicher ist. Gibt es hier offene Forderungen, ist die Schulung des Verkaufs erforderlich.

Die Bearbeitung dieser Liste ist wichtig und zeigt gegebenenfalls Handlungsbedarf in den Bereichen Prozesse oder Information. Die Buchhaltung wird es der Geschäftsführung auf jeden Fall danken, wenn Sorgfalt auf Unterlagen und Zahlen gelegt wird.

Die Außenstände von Lieferanten sind in der offenen Postenliste Lieferanten ersichtlich. Auch die Bearbeitung dieser Liste bringt Ertrag. Es könnten Eingangsrechnungen doppelt eingebucht und schlimmstenfalls doppelt bezahlt werden. Die Geschäftsführung erkennt, ob die Abteilungen im Verbuchen der Eingangsrechnungen Sorgfalt walten lassen und ob vereinbarte Skonti abgezogen werden. Auch die Zusammenarbeit mit den Lieferanten ist wichtig. Denn Lieferanten garantieren mit ihren Lieferungen die Durchführung der Dienstleistungen des Autohauses. Deshalb sind Lieferanten eher gewillt, bei Notfällen zu unterstützen, wenn sie einen verlässlich zahlenden Kunden betreuen.

6.2   Höhe der Personalkosten

Die Höhe der Personalkosten ist in der Buchhaltung in der Kontenklasse 6 ersichtlich. Für die Geschäftsführung ist es interessant, die Zahlen aus Vorperioden zu vergleichen. Lassen Sie sich von der Buchhaltung die Zahlen aus der Kontenklasse 6 mit Vergleichszeiträumen vorlegen.

Das fragt sich die Geschäftsführung bei den Vergleichen:

- Sind die Gehälter gesunken oder gestiegen?
- Sind die Löhne gesunken oder gestiegen?
- Haben sich Löhne und Gehälter im Verhältnis geändert?
- Haben sich die Personalkosten zum Gewinn verändert?

Aus den Antworten zu den Fragen kann die Geschäftsführung Lösungsansätze erarbeiten.

6.2.1 Anleitung 20 – Ich will was tun – Beobachtung der Personalkosten (Tab. 6.1)

Die Beantwortung der Fragen in Tab. 6.1 kann für Ungeübte schwierig sein. Speziell in diesem Bereich ist Unterstützung von außen in Form von Spezialisten ratsam. Wenn die Zahlen nicht passen oder nicht plausibel sind, nehmen Sie sich Zeit und schauen die Saldenliste mit einem Unternehmensberater durch, der die Zahlen in der Liste hintergründig interpretieren kann.

Tab. 6.1 Beobachtung der Personalkosten

Gehälter sind gesunken.	Ist es ok, dass die Gehälter gesunken sind? Haben wir in einem Bereich Personalnot?
Gehälter sind gestiegen	Ist es ok, dass die Gehälter gestiegen sind? Haben wir in einem Bereich Mitarbeitende, die nicht ausgelastet sind?
Löhne sind gesunken	Ist es ok, dass die Löhne gesunken sind? Haben wir in einem Bereich Personalnot?
Löhne sind gestiegen	Ist es ok, dass die Löhne gestiegen sind? Haben wir in einem Bereich Mitarbeitende, die nicht ausgelastet sind?
Löhne und Gehälter haben sich im Verhältnis geändert	Ist es erklärbar, dass sich das Verhältnis von Löhnen und Gehältern verändert hat? Wenn die Löhne höher geworden sind, sollte der Ertrag höher geworden sein. Wenn die Gehälter höher geworden sind, sinken die Erträge!
Die Personalkosten haben sich zum Gewinn verändert	Ist es plausibel, dass sich der Gewinn im Verhältnis zu den Personalkosten verändert hat? Wenn höher: ok; wenn niedriger: „Was sind die Gründe?"
Die Personalkosten haben sich zum Gewinn nicht verändert	Ist es plausibel, dass sich der Gewinn im Verhältnis zu den Personalkosten nicht verändert hat?

6.3   Höhe der Erträge

Die Höhe der Erträge kommt von der Technik, Verkauf, Ersatzteilverkauf und der Garantieabteilung. Die Erträge sind in der Saldenliste in der Kontenklasse 4 abgebildet. Die Höhe der Erträge sind mit den Personalkosten verbunden. Vielleicht hat die Geschäftsführung im Laufe der Bearbeitung der Anleitungen Freude am bewussten Umgang mit den Zahlen gefunden und möchte mehr darüber wissen. Gleichzeitig ist – wie bereits bei der Anleitung 1 zur Saldenliste (Abschn. 1.1.1) erwähnt, dass das Lesen der Saldenliste eine eigene Profession ist. Es könnte für die Geschäftsführung jetzt der richtige Zeitpunkt sein, um mit einer Unternehmensberatung gemeinsam die Zahlen aus der Saldenliste anzuschauen.

Die Unternehmensberatung errechnet für Sie, ob die Zusammenhänge von Erträgen und Aufwänden üblich und plausibel sind. Das gibt Ihnen Sicherheit bezüglich der Ertragslage des Autohauses.

6.4   Höhe des Wareneinsatzes

Die Höhe des Wareneinsatzes kommt vom Ersatzteilverkauf und dem Fahrzeughandel. Die Summen sind in der Saldenliste in der Kontenklasse 5 hinterlegt.

Auch bei diesem Thema wird empfohlen, eine Unternehmensberatung über die Zahlen schauen zu lassen. Diese erkennt Zusammenhänge, unterstützt bei der Erklärung und kann Lösungen anregen.

6.5   Höhe der Rückstellungen und Abschreibungen

Wurden Urlaube von Mitarbeitenden nicht genommen, sind Ersatzteile auf Lager und nicht verkauft bzw. sind Fahrzeuge auf Lager und nicht verkauft, wird dafür eine Rückstellung oder Abschreibung gebildet. Diese Rückstellung ist ein Wert, der den Bilanzgewinn verringert. Daher dient es dem Ertrag des Autohauses, wenn die Rückstellungen niedrig sind.

Im Autohaus gibt es die

- Urlaubsrückstellung – darüber wurde im Abschn. 5.4 ausführlich gesprochen
- Abschreibung Ersatzteile
- Abschreibung Fahrzeuge

Die Abschreibung der Ersatzteile kann im Autohaus durch verschiedene Maßnahmen verringert werden. Die Schulung der Mitarbeitenden im Ersatzteillager ist ein wesentlicher Beitrag. Sie können zu einer niedrigeren Abschreibung beitragen, indem sie

- lange lagernde Teile abverkaufen,
- den Lagerumschlag beobachten und nach Bedarf handeln,
- den Lagerstand so gering wie notwendig halten.

Die Abschreibung von Fahrzeugen kann im Autohaus durch verschiedene Maßnahmen verringert werden, beispielsweise:

- lange lagernde Vorführ- oder Gebrauchtwagen zusätzlich bewerben,
- lange lagernde Vorführ- oder Gebrauchtwagen rabattiert anbieten,
- Fahrzeugeinkauf beobachten und prüfen,
- angebotene Fahrzeuge mit Leistungen aus der Technik attraktiver gestalten.

6.6   Ertragswert Fahrzeughandel

Bei den Zahlen für den Ertragswert aus dem Fahrzeughandel braucht es von der Buchhaltung die Saldenliste. Die Aufwände für Personal und Provisionen werden dem Ertrag aus dem Fahrzeugverkauf gegenübergestellt. Auch hier kann eine Unternehmensberatung hilfreich unterstützen, um die notwendigen Parameter klar zu benennen. Danach können notwendige Strategien für die Ertragssteigerung und verbesserte Wirtschaftlichkeit gesucht werden.

Was Sie in diesem Kapitel erreicht haben

- Sie führen Ihr Autohaus bewusst, kennen die Zahlen im Unternehmen und entwickeln klare Lösungen.
- Sie verstehen, weshalb es für die Buchhaltung wichtig ist, korrektes Zahlenmaterial vorzulegen.
- Sie können sich mit der Buchhaltung über Zahlen allgemein austauschen
- Sie akzeptieren, dass es mehr Ertrag bringt, wenn die Zahlen angeschaut werden.
- Sie holen sich Unterstützung, um die Zusammenhänge der Zahlen in der Saldenliste besser zu verstehen.
- Sie haben Sicherheit im Bereich „Zahlen im Autohaus" gewonnen.

7

Unternehmenszahlen aus dem Ersatzteilverkauf

Was Sie in Geschäftsführung und Leitung Ersatzteilverkauf aus diesem Kapitel mitnehmen:

- Sie beobachten den Lagerwert und passen diesen gegebenenfalls an.
- Sie optimieren die Teileverfügbarkeit.
- Sie finden Lösungen, um die Anzahl der Abschreibungen für Ersatzteile zu verringern.

Die Abteilung Ersatzteilverkauf kann organisatorisch der Werkstätte oder dem Kundendienst zugeordnet sein. Das ist im Organigramm (Abb. 1.4) ersichtlich, für das die Geschäftsführung verantwortlich zeichnet.

Im Ersatzteilverkauf werden Originalteile vom Hersteller, Nachbauteile von ausgewählten Lieferanten, Hilfsmittel von ausgewählten Lieferanten sowie Reifen bestellt.

In der Praxis kann es vorkommen, dass Teile auf Zuruf bestellt werden und dann von den Mitarbeitenden im Ersatzteilverkauf nicht zugeordnet werden können. Ist das der Fall, kann es sein, dass diese Teile auf Lager liegenbleiben und nicht verrechnet werden. Deshalb ist es unerlässlich,

H. Strauß, *Quick Guide: Mehr Ertrag für Ihr Autohaus*, Quick Guide, https://doi.org/10.1007/978-3-658-49889-4_7

dass Teilebestellungen immer aufgrund eines Auftrages erfolgen. Das sichert die Zuordnung und verlässliche Abrechnung zu.

Folgende Themen im Ersatzteilverkauf führen zu hohen Kosten:

- lagernde Ersatzteile, die sich nicht drehen
- Barverkäufe, die nicht abgeholt werden
- Ersatzteile, die bei der Abrechnung auf der Kundenrechnung nicht berücksichtigt werden,
- Falschbestellungen, die nicht zurückgeschickt werden können,
- Bestellungen ohne Auftrag.

Die o. a. Themen bearbeitet die Leitung des Ersatzteilverkaufs. Die Leitung ist angehalten, laufend im Lager Sichtprüfungen durchzuführen, damit die Geschäftsführung die Sicherheit hat, dass im Ersatzteillager sorgfältig gearbeitet wird. Dabei arbeitet die Leitung mit den Zahlen aus dem EDV-System des Autohauses.

Die Geschäftsführung hat die Aufgabe, die Zahlen aus dem Ersatzteillager mit den Zahlen aus der Buchhaltung abzugleichen. Die relevanten Werte sind:

- der Lagerwert allgemein und
- der Vergleich der Erträge aus Ersatzteilverkauf und Barverkauf mit Vorperioden.

7.1 Lagerwert

Der Lagerwert ist die Summe aller lagernden Teile, Hilfsmittel, Zubehörteile und Reifen. Hier sind die Fahrzeuge ausgenommen. Die Geschäftsführung vergleicht den in der Buchhaltung hinterlegten Lagerwert mit dem Lagerwert aus dem hauseigenen EDV-System. Hat sich dieser erhöht, kann die Geschäftsführung mit der Leitung die Gründe dafür eruieren. Hat sich der Wert verringert, kann die Geschäftsführung nachfragen, ob die Teileverfügbarkeit für die Werkstätte in Ordnung ist.

Hier ist es auch sinnvoll, die Meinung der Leitung Werkstatt einzu-
holen und mit dieser einen eventuellen Engpass lösungsorientiert
anzugehen.

Bei diesem Prozess erkennt die Geschäftsführung die Sorgfalt und
Kompetenz der Mitarbeitenden im Ersatzteilverkauf. Dabei können sich
offene Lernfelder von Mitarbeitenden zeigen, die geschlossen werden
können. Kompetente Mitarbeitende im Ersatzteilverkauf bedeuten reale
Ertragssteigerungen für das Autohaus.

7.2   Abschreibung für Ersatzteile

Die jährliche Inventur ist das tatsächliche Zählen der lagernden Teile.
Nach der Inventur ist der Lagerstand aktuell. Diesen Lagerstand nimmt
die Buchhaltung für die Berechnung der Abschreibung an. Dieser Betrag
ist in der Saldenliste hinterlegt und kann von der Geschäftsführung ebenfalls mit der Vorperiode verglichen werden.

Eine Abschreibung ist gewinnmindernd. Aus diesem Grund ist es
sinnvoll, die Abschreibung für Ersatzteile niedrig zu halten.

Will die Geschäftsführung eine niedrigere Abschreibung der Ersatzteile erzielen, erfordert dies zuerst die Bereitschaft für eine veränderte
Vorgehensweise. Möchte die Geschäftsführung für eine niedrige Abschreibung sorgen, macht sie sich als Erstes mit den Zahlen vertraut.
Woher kommt die Höhe der Abschreibung? Ist die Höhe für die Geschäftsführung ok? Wenn nicht, werden neue Lösungsstrategien gesucht.
Für die Erreichung des Zieles definiert die Geschäftsführung für die Leitung eine erreichbare Vorgabe. Mit der Akzeptanz der Vorgabe vonseiten
der Leitung erarbeitet sie Strategien für Lösungen. Die Lösungsansätze
bespricht die Leitung mit den Mitarbeitenden im Ersatzteillager und
klärt damit die Möglichkeit, das vorgegebene Ziel zu erreichen. Die Strategien werden auf Sinnhaftigkeit und Sicherheit der Ersatzteilverfügbar-
keit geprüft. Sind beide Bedingungen erfüllt, werden neue Aufgaben und
Vorgehensweisen besprochen und dokumentiert und anschließend der
Aufgaben-Liste der Mitarbeitenden des Ersatzteillagers hinzugefügt.

Wie bei allen Zielvorgaben ist die Machbarkeit wichtig. Die Leitung des Ersatzteilverkaufs beobachtet laufend, ob die Arbeiten zur Senkung der Abschreibung von den Mitarbeitenden durchgeführt werden. Die Geschäftsführung prüft laufend, ob die Leitung Teileverkauf die Aufgaben der Mitarbeitenden beobachtet und somit die Zielerreichung möglich ist.

Was Sie in diesem Kapitel erreicht haben

- Sie haben durch die Ermittlung und Beobachtung des Lagerwertes den Umgang mit dem Lagerwert erlernt und können bestimmen, was für Sie der optimale Lagerwert ist.
- Sie können gemeinsam mit der Leitung Ersatzteilverkauf die Lagerverfügbarkeit vorgeben.
- Sie können nun die Abschreibung des Lagerwertes bewusst beeinflussen und im Sinne der Ertragssteigerung reduzieren.

8

Unternehmenszahlen aus dem Fahrzeugverkauf

Was Sie aus diesem Kapitel mitnehmen

- Sie erfahren, warum die Zusammenarbeit von Verkauf und Werkstatt die Verkäufe steigert.
- Die Geschäftsführung und die Leitung Verkauf machen sich die menschlichen Verhaltensweisen der Mitarbeitenden im Verkauf bewusst.
- Die Geschäftsführung und die Leitung Verkauf sorgen für Unterstützung von außen, wenn sie selbst alle eigenen Ideen für mehr Verkäufe ausgeschöpft haben.

Die Kernerträge des Autohauses sind die Erträge aus der Werkstatt und die Erträge aus dem Fahrzeughandel. In der Praxis wird im Autohaus besonderes Augenmerk auf die Anzahl der verkauften Fahrzeuge gelegt. Die weitverbreitete Meinung ist, dass die verkauften Fahrzeuge die Werkstätte mit Aufträgen versorgen. Tatsächlich braucht der Autoverkauf die Werkstätte genauso, wie die Werkstatt den Fahrzeughandel. Denn die Kunden entscheiden sich auch aufgrund der Betreuung in der Werkstätte vielleicht, das nächste Auto wieder in diesem Unternehmen zu kaufen.

© Der/die Autor(en), exklusiv lizenziert an Springer Fachmedien Wiesbaden GmbH, ein Teil von Springer Nature 2026
H. Strauß, *Quick Guide: Mehr Ertrag für Ihr Autohaus*, Quick Guide,
https://doi.org/10.1007/978-3-658-49889-4_8

Die Geschäftsführung
- Ist verärgert, weil die Zusammenarbeit zwischen Verkauf und Werkstätte nicht harmonisch ist;
- versteht nicht, weshalb der Fahrzeugverkauf seine Aufgaben nicht erfüllt
- möchte höhere Zahlen im Neuwagenverkauf
- ist von einzelnen Mitarbeitenden im Verkauf genervt, weil sie glauben etwas Besseres zu sein
- kümmert sich nur um den Verkauf und alle anderen sind ihr egal

Ich will was tun

Unter dem Motto „Ich will was tun" stellt Ihnen dieses Kapitel eine Anleitung zur Verfügung, um Ihnen zu helfen, die Ertragssteigerung in Ihrem Autohaus nachhaltig zu implementieren:

- Mit der Bearbeitung der Anleitung 21 (Abschn. 8.1.1) zeigen Sie als Geschäftsführung und Leitung Verkauf, dass Sie die Zusammenarbeit verbessern wollen und etwas dafür tun.

8.1 Anzahl der Neuwagenverkäufe

Wie in den vorhergehenden Kapiteln ist die Geschäftsführung auch hier die treibende Kraft, um die Erträge im Fahrzeugverkauf zu steigern.

Die Geschäftsführung gibt üblicherweise für das neue Jahr eine um ein paar Einheiten höhere Vorgabe. Wenn das funktioniert, dann können Sie dabei bleiben.

Wollen Sie die Anzahl der Verkäufe bewusst steigern, heißt es wieder: die Geschäftsführung beschäftigt sich mit den Zahlen, mit Zielen und veränderten Herangehensweisen.

Die Geschäftsführung ermittelt mit der Buchhaltung aus der Saldenliste die Erträge aus dem Neuwagenverkauf. Sie vergleicht die Zahlen mit den Vorperioden. Sind sie gestiegen, passt alles. Sind sie gesunken oder möchte die Geschäftsführung eine Steigerung, dann gilt es Lösungen zu finden. Die Geschäftsführung beobachtet auch die Zahlen mit den Erträgen und Aufwänden für den Neuwagenverkauf. Aus deren Vergleich können Schlüsse für mögliche Lösungen gezogen werden. Natürlich können Betriebe mit mehreren Mitarbeitenden im Fahrzeugverkauf die Erträge und Aufwände nach den einzelnen Mitarbeitenden beobachten. Nachdem die Zahlen für Information und Transparenz gesorgt haben, arbeitet die Geschäftsführung weiter. Gibt es im Unternehmen eine Leitung Verkauf, dann arbeitet die Geschäftsführung zunächst mit der Leitung. Sie bespricht mit der Leitung die Zahlen und erklärt die Herkunft des Zahlenmaterials. Danach werden bei den Zahlen, die nicht den Vorstellungen entsprechen, gemeinsam Lösungsansätze gesucht. Die Lösungsansätze sind die Basis für eine erhöhte Zielvorgabe.

Mit der folgenden Anleitung 21 geht die Geschäftsführung neue Wege für mehr Einheiten im Fahrzeugverkauf und somit mehr Ertrag für das Autohaus.

8.1.1 Anleitung 21 – Ich will was tun – Erhöhung Fahrzeugverkäufe

Es folgt eine Aufstellung der Themen, die zu verändern sind, um mehr Neuwangen zu verkaufen, und Lösungsansätze für die Erhöhung des Fahrzeugverkaufs, die das Autohaus selbst in der Hand hat. Die jeweiligen Fragen können sich die Geschäftsführung und die Leitung Verkauf dazu stellen.

* *Zusammenarbeit von Verkauf mit Werkstatt optimieren*
    - Arbeitet die Leitung Verkauf mit der Leitung Werkstatt auf Augenhöhe?
    - Werden eventuelle Missverständnisse zwischen den beiden Teams geklärt?
    - Gibt es zwischen Verkauf und Werkstatt einen klaren Prozess, wenn Kunden ihr Fahrzeug eventuell erneuern wollen?

* *Zusammenarbeit von Verkauf mit Kundendienst optimieren*
    - Arbeitet die Leitung Verkauf mit der Leitung Kundendienst auf Augenhöhe?

- Werden eventuelle Missverständnisse zwischen den beiden Teams geklärt?
- Gibt es zwischen Verkauf und Kundendienst einen klaren Prozess, wenn Kunden ihr Fahrzeug eventuell erneuern wollen?

- *Zusammenarbeit von Leitung Verkauf mit Verkaufsteam optimieren*
  - Kann es sein, dass das Verkaufsteam mit der Leitung Verkauf Missverständnisse hat?
  - Kann es sein, dass die Mitarbeitenden des Verkaufs durch Anerkennung für ihre Leistung motivierter wären?
  - Stehen die Mitarbeitenden des Verkaufs geschlossen hinter der Leitung Verkauf?

- *Zusammenarbeit von Verkaufsteam untereinander optimieren*
  - Gibt es zwischen den Verkaufsmitarbeitenden zu klärende Missverständnisse?
  - Freut sich das Team, wenn es gemeinsam Erfolge erreicht?
  - Sind alle Aufgaben im Team fair aufgeteilt?
  - Könnten durch Teambuilding Ideen für die Zielerreichung gefunden werden?

- *Einzelne Mitarbeitende im Fahrzeugverkauf individuell in ihrer Kompetenz fördern*
  - Ist jeder Verkäufer auf dem gleichen Wissensstand?
  - Was braucht der einzelne Mitarbeitende im Verkauf für die Zielerreichung?
  - Wollen wir den Mitarbeitenden fragen, was er für die Zielerreichung braucht?

- *Einzelne Mitarbeitende im Fahrzeugverkauf individuell in Empathie und Bedürfnisorientierung entwickeln*
  - Kann Einzel-Coaching dem Verkäufer helfen,
    - die Kaufentscheidung der Kunden zu erkennen?
    - die Bedürfnisse der Kunden zu verstehen?
    - die Kunden empathisch zu beraten?

Die veränderte Vorgehensweise der Geschäftsführung hängt von den eigenen Erfahrungswerten ab. Ist die Geschäftsführung bereit, sich zu entwickeln und neue Herangehensweisen zu entdecken, dann kann sie diese Erkenntnis ins Unternehmen tragen. Ist die Geschäftsführung dafür, dass sich die anderen entwickeln, ohne selbst an sich zu arbeiten, ist ein Gelingen der entwickelten Lösung unsicher.

Aus Anleitung 21 geht hervor, dass die Steigerung von Fahrzeugverkäufen mit Teamwork möglich ist. Ein harmonisches Team und starke Führungskräfte helfen bei der Zielerreichung.

Die Geschäftsführung könnte sich fragen, wann sie zuletzt etwas für Teambuilding, Kommunikation und Entwicklung der Mitarbeitenden getan hat. Oft sind es nur die vom Konzern vorgeschriebenen Trainings, die die Geschäftsführung bucht. Die Geschäftsführung könnte für sich einen Entwicklungspartner suchen. Ist das Vertrauen in diese Zusammenarbeit aufgebaut, könnte dieser Entwicklungspartner sich auch für die Entwicklung der hauseigenen Führungskräfte und Mitarbeitenden eignen.

8.2   Anzahl der Gebrauchtwagenverkäufe

Die Zahlen aus dem Gebrauchtwagenverkauf kommen von der Buchhaltung. Aus den Kontenklassen 4 erhält die Geschäftsführung die Erträge aus dem Gebrauchtwagenverkauf. Aus der Kontenklasse 5 erhält die Geschäftsführung die Lagerstände der Gebrauchtwagen. In der Kontenklasse 7 ist der Aufwand für Abschreibungen ersichtlich. Die Personalkosten werden anteilig aus der Kontenklasse 6 entnommen.

Um eine Steigerung der Gebrauchtwagenverkäufe zu erzielen, braucht es einen ausreichenden Bestand an Gebrauchtwagen. Diese werden bei Neuwagenverkäufen eingetauscht. Die Geschäftsführung kann beobachten, ob die Anzahl der Neuwagenverkäufe mit der Anzahl der vorhandenen Gebrauchtwagen plausibel ist. Verkäufer könnten den Eintausch von Gebrauchtwagen scheuen. Das erkennt die Geschäftsführung, wenn die Anzahl der Gebrauchtwagen und die Anzahl der Neuwagenverkäufe nicht zusammenpassen. In diesem Fall ist ein Coaching des Mitarbeitenden im Verkauf sinnvoll, um der Frage auf den Grund zu gehen:

„Was hemmt mich, beim Neuwagenverkauf die Gebrauchtwagen der Kunden einzutauschen?"

Weitere Lösungsansätze für die Steigerung der Gebrauchtwagenverkäufe entnimmt die Geschäftsführung der Anleitung 21 (Abschn. 8.1.1).

8.3 Anzahl der Leasing- und Versicherungsverträge für Fahrzeuge

Die Anzahl von Leasing- und Versicherungsverträgen erhält die Geschäftsführung aus der Buchhaltung. In der Kontenklasse 4 sind die Erträge aus Leasing- und Versicherungsverträgen verbucht. Hier kann die Anzahl aus der Vorperiode mit der aktuellen Anzahl beobachtet werden. Vielleicht gibt es auch in diesem Bereich Verkäufer, die eine Hemmnis haben, diese Verträge abzuschließen.

Es kann sein, dass ein Verkäufer persönlich niemals ein Leasing für ein Auto abschließen würde. Das kann ihn hemmen, den Kunden das Leasing anzubieten. Die Geschäftsführung oder Leitung kann mit diesem Mitarbeitenden über diese Hemmnis sprechen. Es ist ok, dass ein Verkäufer kein Fahrzeug auf Leasing kaufen würde. Gleichzeitig ist es ok, wenn Kunden ein Fahrzeug auf Leasing kaufen. Diesen Unterschied gilt es herauszuarbeiten. Die Erkenntnis, dass das zwei verschiedene Themen sind, ist wichtig für den Verkäufer. Nur, weil er nicht so handeln würde, heißt das nicht, dass diese Vorgehensweise für den Käufer schlecht wäre. Der Verkäufer kann lernen, mit dieser Situation umzugehen. Er lernt zu verstehen, dass seine private Meinung über Leasing nicht seine Beratungstätigkeit beeinflussen darf. Dem Verkäufer könnte klar werden, dass ihn seine private Haltung hemmt, Ziele zu erreichen. Mit dieser Erklärung könnte die Geschäftsführung dem Verkäufer Klarheit über seine Verhaltensweise geben. Wenn dies verstanden ist, könnte die Geschäftsführung erläutern, dass, wenn der Verkäufer in dieser Haltung bleibt, er sich die Chance auf die Erreichung von Zielen nimmt. Das ist ein Bedürfnis. Und dieses Bedürfnis kann sich der Verkäufer mithilfe dieser gewonnenen Erkenntnis erfüllen, weil ihn nichts mehr hemmt.

Wie Sie bereits bemerkt haben, verbindet dieses Buch trockene Zahlen und menschliche Verhaltensweisen. Diese Kombination kann für die Leser anstrengend sein. Gleichzeitig macht gerade diese Sicht auf die Themen im Autohaus den Unterschied aus. Die Zahlen sind im Autohaus einfacher aufzulisten. Die menschliche Verhaltensweise braucht Kommunikations- und Konfliktkompetenz. In der Kommunikationskompetenz lernen Menschen, sich selbst und andere besser zu verstehen. In der Konfliktkompetenz lernen Menschen, mit Themen von Teams umzugehen. Im Bereich Verkauf und Kundendienst ist die Kommunikationskompetenz meist stärker ausgeprägt. Im Bereich Technik und Spenglerei ist Kommunikationskompetenz nicht das Kernthema.

Trotzdem ist es ratsam, den Mitarbeitenden im Verkauf regelmäßig Coachings anzubieten. Dort lernen Mitarbeitende im Fahrzeughandel, mit ihren eigenen Verhaltensweisen und den Verhaltensweisen der Kunden besser umzugehen.

Was Sie in diesem Kapitel erreicht haben:

- Sie haben neue Wege für mehr Einheiten im Fahrzeugverkauf und somit für mehr Ertrag für das Autohaus gesucht und gefunden.
- Dank der Beobachtung der Erträge im Neu- und Gebrauchtwagenverkauf können Sie den Gebrauchtwageneintausch und -abverkauf steigern.
- Sie können aufgrund einer geänderten Fragestellung von den inneren Hemmnissen der Verkäufer im Bereich Leasingverträge erfahren und diese lösen.

9

Ziele der Unternehmensleitung

Was Sie aus diesem Kapitel mitnehmen:

- Die Geschäftsführung tut etwas für ein stabiles Team und entwickelt Lehrlinge zu Fachkräften.
- Die Geschäftsführung tut etwas für motivierende und lösungsorientierte Führungskräfte.
- Die Geschäftsführung tut etwas für die gute Zusammenarbeit mit dem Hersteller und feiert Erfolge mit zufriedenen Kunden und zufriedenen Mitarbeitenden.
- Ein motiviertes Team, entwicklungswillige Lehrlinge und lösungsorientierte Führungskräfte im Autohaus brauchen Taten seitens der Geschäftsführung.
- Setzt die Geschäftsführung die Ideen aus diesem Kapitel um, wird sie die gesteckten Ziele erreichen.

Die Ertragssteigerung im Autohaus geht von der Geschäftsführung aus. Ihre Bereitschaft, neue Vorgehens- und Verhaltensweisen auszuprobieren, ermöglicht die Zielerreichung.

© Der/die Autor(en), exklusiv lizenziert an Springer Fachmedien Wiesbaden GmbH, ein Teil von Springer Nature 2026
H. Strauß, *Quick Guide: Mehr Ertrag für Ihr Autohaus*, Quick Guide,
https://doi.org/10.1007/978-3-658-49889-4_9

Die neue Haltung und Verhaltensweise der Geschäftsführung ist:

> „Ich bin neugierig! – Ich will etwas tun! – Ich will etwas anders machen! – Ich will ein noch ertragreicheres Autohaus!"

Die neue Vorgehens- und Handlungsweise der Geschäftsführung ist:

> „Ich verstehe mich und mein Team besser. Ich investiere in meine eigene Entwicklung von mir und die von meinem Team."

Ziele werden erreicht, wenn

- die Zielvorgabe in Zahlen ausgedrückt ist,
- das Ziel erreichbar ist,
- die Beteiligten an der Zielerreichung definiert sind,
- Hemmnisse für die Zielerreichung offengelegt sind,
- An den Hemmnissen gearbeitet wird,
- Lösungsansätze für Probleme bei der Zielerreichung gefunden werden,
- die jeweils passende Lösung für die spezifische Zielerreichung gefunden ist,
- diese Lösung akzeptiert und möglich ist,
- diese Lösung umgesetzt wird,
- von der Führung beobachtet wird, dass die Lösung wirklich durchgeführt wird, oder
- wenn die Lösung nicht durchgeführt wird, nachgeschult wird,
- wenn die Lösung durchgeführt wird und damit das Ziel erreicht ist, und die Beteiligten Anerkennung dafür erhalten,
- wenn erreichte Ziele gemeinsam gefeiert werden.

Folgende Ziele kann die Geschäftsführung setzen:

- Stabiles, harmonisches und kompetentes Team (Abschn. 9.1)
- Motivierte und entwicklungsstarke Lehrlinge (Abschn. 9.2)
- Motivierende und lösungsorientierte Führungskräfte (Abschn. 9.3)
- Sicherheit in der Zusammenarbeit mit Herstellern (Abschn. 9.4)
- Erfolgreiches Gesamtergebnis (Abschn. 9.5)

- Zufriedene Kunden (Abschn. 9.6)
- Mehr Ertrag (Abschn. 9.7)

Ich will was tun

Unter dem Motto „Ich will was tun" stellt Ihnen dieses Kapitel eine Anleitung zur Verfügung, um Ihnen zu helfen, die Ertragssteigerung in Ihrem
Autohaus nachhaltig zu implementieren:

- Mit der Bearbeitung der Anleitung 22 (Abschn. 9.5.1) zeigen Sie als
  Geschäftsführung, dass Sie Erfolge anerkennen und gemeinsam mit dem
  Team feiern wollen.

9.1 Stabiles, harmonisches und kompetentes Team

Für die Geschäftsführung sind Fluktuation, Streit im Team und Inkom-
petenz ein Problem, das Zeit und Geld kostet. Es kann sein, dass die Geschäftsführung spürt, dass es diese Probleme im Autohaus gibt, aber
keine Lösung dafür parat hat. Ist das der Fall, hat die Geschäftsführung
ein Lernfeld. Das Lernfeld heißt: „Lösungen für Probleme finden." Dieses Lernfeld schließt die Geschäftsführung mit individuellem Strategie-
training. Bei diesem Training gesteht sich die Geschäftsführung ein, dass
sie ein Lernfeld hat. Sie entscheidet sich, das Lernfeld zu schließen. Sie
lernt das Finden von Strategien für Lösungen. Sie akzeptiert, dass sie
nicht immer selbst die Lösung durchführen muss. Sie ist erleichtert, weil
ein Problem kein Problem mehr ist, weil sie Lösungsansätze parat hat. Sie
ist motiviert, weil die Lösungen hilfreich sind. Sie ist erfreut, weil das
Führen des Autohauses wieder Spaß macht!

Ideen für ein stabiles Team:
- Klarheit in der Organisation geben
- Klarheit der Funktionen im Organigramm des Autohauses verankern
- Klarheit der Aufgaben der einzelnen Funktionen herstellen
- Klarheit in den Prozessen einrichten
- Förderung der einzelnen Mitarbeitenden

Ideen für ein harmonisches Team:

- Teambuilding: „Welche Verhaltensweisen stören die Zusammenarbeit"? Ermitteln und bereinigen.
- Kommunikation – positive Handlungssprache einführen, das fördert die Kooperation
- Führungskräfteentwicklung – „Was kann ich für ein harmonisches Team tun"?

Ideen für ein kompetentes Team:

- Kompetenz kommt durch durchdachte Einschulung neuer Mitarbeitender
- Kompetenz kommt durch laufende fachliche Schulungen
- Kompetenz entsteht durch Erfahrung
- Kompetenz entsteht durch voneinander Lernen
- Kompetenz entsteht durch den Wunsch Einzelner, sich zu entwickeln
- Es ist auch eine Kompetenz, wenn Führungen im Autohaus akzeptieren können, wenn sich Mitarbeitende zurzeit nicht entwickeln wollen.

9.2 Motivierte und entwicklungsstarke Lehrlinge

Entscheiden sich Auszubildende für ein Autohaus, ist das ein Vertrauensvorschuss. Sie vertrauen darauf, in diesem Autohaus Techniker zu werden. Sie vertrauen auf eine fachliche Ausbildung und auf ein harmonisches Lernklima.

Doch in der Realität müssen die Lehrlinge anfangs putzen, entsorgen und einkaufen. Die Auszubildenden im 1. Lehrjahr sind stehen am unteren Ende der Hierarchie, sie sind sozusagen das letzte Rad am Wagen. Das macht aus dem motiviertesten und entwicklungswilligsten Lehrling einen unwilligen Zeitgenossen.

Ideen für motivierte und entwicklungsstarke Auszubildende:

- Weiterbildung: „Teambuilding für Lehrlinge: Was bedeutet Sauberkeit und Ordnung im Autohaus?"

- Weiterbildung: „Teambuilding für Lehrlinge: Wie werden wir als Auszubildende ein Team?"
- Coaching: Zusammenarbeit von Auszubildenden und Technikern
- Coaching: Was brauche ich für meine Entwicklung?
- Weiterbildung für Ausbilder: Wie fördere ich die Entwicklung von Auszubildenden?

9.3 Motivierende und lösungsorientierte Führungskräfte

Im Autohaus gibt es Naturtalente in der Führung. Es gibt Führungen, denen nicht bewusst ist, dass sie Führungskraft sind. Es gibt Führungen, die sich mit der Führung eines Teams schwertun.

Naturtalente in der Führung geben den Mitarbeitenden klare Vorgaben. Sie geben den Mitarbeitenden die Sicherheit, dass alle im Team gleichbehandelt werden. Sie beantworten die Fragen der Mitarbeitenden. Sie geben den Mitarbeitenden Anerkennung. Sie feiern das Team, wenn es Ziele erreicht.

Führungen, denen ihre Führungsrolle nicht bewusst ist, können erweckt werden. Zuerst entdecken sie, dass sie Führungskraft sind. Dann erfahren sie, was es heißt, ein Team zu führen. Sie erfahren, was sich das Team von der Führung erwartet. Sie sehen den Sinn dahinter und wollen sich deshalb als Führungskraft entwickeln. Dafür gibt es Trainings für Führungskräfte.

Führungen, die sich in der Führung schwertun, haben ein Lernfeld. Akzeptieren sie das Lernfeld, können sie sich entwickeln. Es kann sein, dass sie mit den Trainings für Führungskräfte nicht weiterkommen. Bleiben die Lernfelder bestehen, hilft möglicherweise ein individuelles Training für Führungskräfte.

9.4   Sicherheit in der Zusammenarbeit mit Herstellern

Für das Autohaus und dessen Geschäftsführung ist die Zusammenarbeit mit dem Hersteller wichtig. Sie wird als Existenzgrundlage angesehen.

Das Team hingegen sieht in der Zusammenarbeit mit dem Hersteller möglicherweise Kontrolle und Bevormundung.

Die Berührungspunkte von Autohaus und Hersteller sind:

- Fahrzeugverkauf
- Kundendienst
- Ersatzteilverkauf
- Garantieabteilung
- Technik

Ideen für eine gelungene Zusammenarbeit mit dem Hersteller:

- Die Geschäftsführung könnte das Thema in einem Workshop thematisieren. Alle aus dem Autohaus treffen sich, bekommen eine Jause und dabei wird über die Zusammenarbeit gesprochen: Wie geht es dem Verkauf mit dem Hersteller? Wie geht es dem Kundendienst mit dem Hersteller? Wie geht es dem Ersatzteilverkauf mit dem Hersteller? Wie geht es der Garantieabteilung mit dem Hersteller? Wie geht es der Technik mit dem Hersteller? Dabei entsteht vielleicht auch Verständnis füreinander. Bekommen die Hersteller dann auch Feedback könnten Veränderungen angestoßen werden.
- Schulungsangebot des Herstellers transparent machen – das könnte Mitarbeitende zur Entwicklung animieren

9.5   Erfolgreiches Gesamtergebnis

Die Geschäftsführung hat das Ziel, mit dem Autohaus einen Gewinn zu erzielen. Leider feiert sie dieses Ziel zumeist allein. Das hat einen einfachen Grund: Gibt sie einen Gewinn vor der Mannschaft bekannt, dann hat sie die Angst, dass alle eine Gehaltserhöhung einfordern. Diese Vorgehensweise ist für beide Seiten bedauerlich: Der Mannschaft entzieht es die Möglichkeit, am Erfolg teilzuhaben, obwohl sie dafür gearbeitet hat. Der Geschäftsführung entzieht es die Möglichkeit, gemeinsam mit dem Team zu feiern.

Hier die Ermutigung zu einer neuen Vorgehensweise: Möchte die Geschäftsführung mehr Ertrag realisieren, braucht sie das gesamte Team. Sie erreicht mehr Ertrag nur mit einem motivierten Team. Trägt das Team zu mehr Ertrag bei, hat es auch das Recht zum Feiern.

Mit der folgenden Anleitung lernt die Geschäftsführung gemeinsam mit dem Team zu feiern!

9.5.1 Anleitung 22 – Ich will was tun – Gemeinsam Erfolge feiern

Die Geschäftsführung kann gemeinsam feiern lernen. Beim ersten gemeinsam erreichten Ziel zahlt die Geschäftsführung beispielsweise ein Essen für das Team. Später wäre vielleicht sogar eine finanzielle Beteiligung denkbar.

So könnte die Geschäftsführung bei einer gelungenen Auslastungssteigerung vorgehen (Tab. 9.1).

Nimmt die Geschäftsführung diese Idee auf, beachten Sie bitte folgendes. Am Beginn starten Sie bitte nicht mit einer großen Ankündigung an die Mitarbeitenden.

Sie beginnen mit der Zielvorgabe. Sie schauen, wie Sie das Ziel erreichen. Sie eruieren wie viel es kostet, um das Ziel zu erreichen. Sie beobachten, ob die Zielvorgabe erreicht wird. Erst, wenn sie wissen, dass die neue Vorgehensweise Früchte trägt, gehen Sie nach außen. Sie teilen der Mannschaft mit, dass die Neuerungen zu mehr Ertrag führen. Sie bedanken sich für die Mitarbeit. Sie bitten weiterhin um das Engagement der Mannschaft. Dann können Sie die Auszahlung der Prämie bekanntgeben.

Was passiert dann? Die Prämie ist ein Zeichen der Anerkennung. Sie können gemeinsam feiern. Alle haben etwas davon. Es fördert die Gemeinschaft und motiviert.

Tab. 9.1 Gemeinsam Erfolge feiern

Wie viele Techniker sind in der Werkstatt auf der Auslastungsliste?	10
Wie viel ist eine allgemeine Auslastungssteigerung von 5 % in Euro? (Hier geben Sie bitte das von Ihnen vorgegebene Ziel ein.)	10.000 je Techniker
Wie hoch ist die Ertragssteigerung	Techniker x Steigerung
Wie hoch waren die Kosten für Beratung, um das Ziel zu erreichen?	9000 €
Wieviel % verteilt die Geschäftsführung als Prämie?	10 % vom Ertrag
An wen verteilt die Geschäftsführung die Prämie	Technik, Kundendienst, Ersatzteilverkauf, Lehrlinge, Fahrzeugreinigung
Bekommen alle Mitarbeitenden gleich viel?	ja
Gibt die Geschäftsführung die Summe bekannt?	Nur die Summe der Prämie (bitte nicht die Berechnung und von welcher Summe ausgegangen wird!)
Wird das gefeiert?	Natürlich – JUHUUUUU! – Das schafft ein gemeinsames Ziel. – Die Zielerreichung motiviert!

Was bekommt die Geschäftsführung? Sie gibt von 100.000 Mehrertrag 10.000 ab. Dadurch erhöht sich der Ertrag. Und die 10.000 € sind die Investition in ein motiviertes und dankbares Team.

Das können Sie auch mit dem Leistungsgrad des Teams durchspielen.

Kommen wir zu den Kosten für die Erhöhung: Schafft es die Geschäftsführung selbst mit der Leitung Werkstatt zu der Erhöhung zu kommen, kostet es nichts. Der Aufwand ist die Zeit der Geschäftsführung. Ist sich die Geschäftsführung unsicher oder hat keine Zeit dafür, können Sie diese Leistung im Sinne von beratendem Coaching käuflich erwerben. Sie heißt „Ertragssteigerung Autohaus".

9.6   Zufriedene Kunden

Die Geschäftsführung wünscht sich zufriedene Kunden. Wie erfährt sie, ob die Kunden zufrieden sind?

In der Praxis führt das Autohaus Kundenzufriedenheitsbefragungen aufgrund der Herstellervorgabe durch. Warum braucht es die Vorgabe der Hersteller? Kann es sein, dass die Geschäftsführung eine Hemmnis hat, die Kunden zu befragen? Wenn ja, woher kommt das? Möglicherweise hat die Geschäftsführung Gespräche zwischen den Mitarbeitenden im Kundendienst und den Kunden miterlebt und sie manchmal als unfreundlich empfinden. Das ist belastend.

Trotzdem tut die Geschäftsführung nichts dagegen, vielleicht, weil sie keine Lösung dafür hat. Sie will auch nichts sagen. Denn sagt sie etwas, kann das von den Mitarbeitenden als Tadel verstanden werden, sodass sie verärgert sind. Sie sind der Meinung, sie geben alles und bekommen eine Rüge. Das führt zu Unmut, vielleicht zum Krankenstand und im Wiederholungsfall sogar zur Kündigung.

Gleichzeitig kann die Geschäftsführung unfreundliches Verhalten der Mitarbeitenden im Kundendienst nicht akzeptieren. Wichtig für die Geschäftsführung ist zu wissen, dass die Mitarbeitenden aus dem Kundendienst nicht aus Böswilligkeit unfreundlich mit den Kunden umgehen. Es ist möglich, dass die Mitarbeitenden grundsätzlich kommunikativ schwächer sind und daher Kommunikationsschulungen brauchen. Es kann sein, dass die Mitarbeitenden mit Kunden schwierige Gespräche führen müssen und in der Gesprächsführung Entwicklung brauchen. Die Geschäftsführung bietet optimalerweise als Lösung für die Mitarbeitenden im Kundendienst Kommunikationstrainings und Trainings für schwierige Gespräche mit Kunden an. Dadurch wird das Thema gesehen und eine Strategie für die Lösung entwickelt. Das hilft beiden Seiten. Die Geschäftsführung löst das Thema und die Mitarbeitenden werden in der Kommunikationsentwicklung unterstützt.

Sind die Mitarbeitenden im Kundendienst gesprächssicher, behalten sie bei schwierigen Gesprächen mit den Kunden kühlen Kopf und bleiben freundlich. Das macht Kunden zufrieden. Das führt dazu, dass das die Geschäftsführung keine Angst mehr vor dem Kundenfeedback hat.

Die einzige Möglichkeit, etwas über die Zufriedenheit der Kunden zu erfahren, ist ein Gespräch. Entweder kann dieses Gespräch die Leitung Kundendienst oder sogar vereinzelt die Geschäftsführung durchführen. Bitte schlagen Sie nicht gleich die Hände über dem Kopf zusammen. Es braucht folgende veränderte Sichtweise, damit Zufriedenheitsabfragen gerne durchgeführt werden:

• Wichtig ist die Erkenntnis, dass zwischen Kritik und Feedback ein großer Unterschied ist. Die Kundengespräche werden ungern geführt, weil Kunden nicht nur Gutes, sondern auch Dinge äußern, die für sie nicht angenehm waren oder sie sich eine Vorgehensweise anders gewünscht hätten. Wird das als Kritik aufgefasst nach dem Motto „Ich mache etwas falsch", scheut sich die betreffende Person, solche Gespräche zu führen.
• Doch wird das, was sich die Kunden wünschen, als Feedback aufgefasst, als etwas, wodurch sich das Autohaus verbessern kann, dann hilft es, Dinge zu verändern. Daher meine Empfehlung: Geben Sie den Kundenzufriedenheits-Gesprächen einen neuen Namen: *Kunden-Feedback.*

9.7 Mehr Ertrag

Alle Ziele der Geschäftsführung dienen dazu, mehr Ertrag im Autohaus zu erzielen. Das gibt allen Beschäftigten im Autohaus die Sicherheit des Arbeitsplatzes.

Hier wird nochmals darauf hingewiesen, dass die Geschäftsführung die treibende Kraft der Veränderung ist. Ist sich die Geschäftsführung unsicher, wie sie das angehen kann, kann sie Folgendes tun:

• Bücher zur Ertragssteigerung im Autohaus lesen.
• Die Anleitungen in den Büchern überdenken.
• Werden die Anleitungen als sinnvoll erachtet, diese durchführen.
• Führen die Anleitungen nicht zum Ziel, trotzdem mehr Ertrag zu wollen.

- Sich eine Auszeit gönnen und dabei mit externer Beratung für mehr Ertrag im Autohaus Lösungen zu finden.
- Die dabei entwickelten Lösungen bewusst für das Autohaus umsetzen.
- Für Themen, die die Geschäftsleitung nicht selbst durchführen kann, Unterstützung von außen holen.
- Regelmäßig das Steuer im Sinne für mehr Ertrag in der Hand halten (Abb. 9.1).

Abb. 9.1 Mit der Geschäftsführung am Steuer zu mehr Ertrag

10

Zahlen aus Kundenzufriedenheitsabfragen

Was Sie aus diesem Kapitel mitnehmen

- Als Geschäftsführung erhalten Sie eine neue Sicht auf Kundenzufriedenheitsabfragen.
- Sie bauen ein neues Mindset für die Mitarbeitenden auf.
- Sie gewinnen Freude an den Kundenzufriedenheitsabfragen.

Im Vertrag mit den Herstellern hat sich die Geschäftsführung zu laufenden Kundenzufriedenheitsabfragen verpflichtet. Diese werden in der Regel im Autohaus als Kontrolle erlebt. Das macht beide Seiten unglücklich: Das Autohaus, weil es kontrolliert wird, und den Hersteller, weil die Abfragen lieblos durchgeführt werden.

Tatsächlich haben diese Abfragen einen positiven Hintergrund. Der Hersteller möchte, dass die Kunden ihrer Marke in den Partnerbetrieben kompetent und freundlich betreut werden. Das gleiche möchte die Geschäftsführung des Autohauses. Gleichzeitig gibt es Situationen im Kundendienst, die „aus dem Ruder laufen". Die Serviceberatung kann einen schlechten Tag haben und deshalb in der Kundenansprache weniger freundlich sein. Daraus kann sich bei Kundenbefragungen ein negatives Feedback ergeben.

Das alles möchten weder der Hersteller noch die Geschäftsführung des Autohauses noch die Mitarbeitenden im Autohaus. Alle geben ihr Bestes. Deshalb ist es so wichtig, das negative Feedback nicht als Kritik, sondern als Lernfeld zu erkennen und danach zu handeln.

10.1 Anzahl der Abfragen zur Zufriedenheit der Kunden

Die Anzahl der Befragungen bestimmt der Hersteller. Welche Kunden befragt werden, bestimmen die Mitarbeitenden, die die Abfrageliste erstellen.

Die Geschäftsführung ist angehalten, die Kundenbefragungen nicht nur aufgrund der Herstellervorgabe durchzuführen. Sinnvoll ist es, wenn die Leitung Kundendienst oder die Geschäftsführung für sich vereinbaren, auf eigene Initiative eine gewisse Anzahl an Kunden zu befragen. Auch soll aus dieser vom Autohaus selbst initiierten Befragung das Feedback für die Erschließung der Lernfelder erfolgen. In diesem Fall ist es keine Überprüfung vom Hersteller, sondern das Autohaus hat selbst großes Interesse an zufriedenen Kunden.

Zufriedene Kunden sind die Grundlage für den Erfolg des Autohauses. Ein motiviertes Team ist die Basis für kompetente Durchführung der Arbeiten im Autohaus. Starke Führungskräfte geben die Sicherheit für ein stabiles Team im Autohaus. Die Geschäftsführung, die das Autohaus bewusst leitet, ist die Garantie für das ertragreiche Autohaus.

Was Sie in diesem Kapitel erreicht haben

- Sie haben die Vorschläge durchgeführt und damit eine neue Art der Zusammenarbeit mit dem Hersteller entdeckt.
- Sie verstehen negatives Feedback fortan als Hinweis auf ein Lernfeld und Anregung zur Verbesserung der Prozesse.
- Sie haben ein starkes Eigeninteresse an den Ergebnissen der Kundenzufriedenheitsabfragen gewonnen.

Abschließende Gedanken: Motivation und Erfolg

Sie leiten ein Autohaus. Sie sind Geschäftsführung. Mit diesem Buch begaben Sie sich auf eine Reise in Ihr Autohaus.

Abschließend können Sie sich auf eine Reise in Ihre Funktion als Geschäftsführung begeben (Tab. A1).

* Sie können da bleiben, wo Sie sind. Das ist ok.
* Sie können etwas anders machen. Das ist ok.

Das Buch hat viele Möglichkeiten des Andersmachens aufgezeigt. Sie können das Steuer mit neuem Input in die Hand nehmen.

Viel Spaß mit Ihrer Funktion Geschäftsführung und Ihrem Autohaus.

© Der/die Herausgeber bzw. der/die Autor(en), exklusiv lizenziert an Springer Fachmedien Wiesbaden GmbH, ein Teil von Springer Nature 2026
H. Strauß, *Quick Guide: Mehr Ertrag für Ihr Autohaus*, Quick Guide,
https://doi.org/10.1007/978-3-658-49889-4

Tab. A1 Welche Bedürfnisse haben Sie in Bezug auf Ihre Tätigkeit im Autohaus?

Wunsch	Bedürfnis
Ich will nicht alles selbst machen;	Unterstützung
Ich will in der Nacht sorgenfrei schlafen	Sicherheit
Ich will mehr Zeit haben	Organisation
Ich will mich auf andere verlassen können	Zuverlässigkeit
Ich will, dass die anderen ihre Arbeit machen	Engagement
Ich will eine gute Geschäftsführung sein	Entwicklung
Ich will nicht, dass Banken oder Hersteller Druck auf mich ausüben.	Freiheit
Ich will keine Angst um mein Autohaus haben	Aktivität
Ich will über meine Probleme als Geschäftsführung reden können und dass es mir danach besser geht.	Vertrauen und Lösungen

Nachwort

Dieses Buch ist aus der Freude am Autohaus und der Begeisterung an den Menschen, die in Autohäusern arbeiten entstanden.

Im Wissen, dass es immer wieder schwierige Zeiten im Arbeitsalltag gibt, stellt dieses Buch Unterstützung und Hilfe dar.

Es macht unterschiedliche Verhaltensweisen der Menschen im Autohaus transparent. Es fördert die Zusammenarbeit im Autohaus. Es zeigt Lösungen für Mehr Ertrag im Autohaus auf.

Es möge sicherstellen, dass Ihr Autohaus erfolgreich ist.

Herzlichst

Helga Strauß

© Der/die Herausgeber bzw. der/die Autor(en), exklusiv lizenziert an Springer Fachmedien Wiesbaden GmbH, ein Teil von Springer Nature 2026
H. Strauß, *Quick Guide: Mehr Ertrag für Ihr Autohaus*, Quick Guide,
https://doi.org/10.1007/978-3-658-49889-4

MIX
Papier aus verantwortungsvollen Quellen
Paper from responsible sources
FSC® C105338

If you have any concerns about our products,
you can contact us on
ProductSafety@springernature.com

In case Publisher is established outside the EU,
the EU authorized representative is:
**Springer Nature Customer Service Center GmbH
Europaplatz 3, 69115 Heidelberg, Germany**

Printed by Libri Plureos GmbH
in Hamburg, Germany